Inner Peace

왜 당신은 죽어가는 자신을 방치하고 있는가
"Why Are You Letting Yourself Fade Away?"

프롤로그

 심리학의 기틀을 마련하고 분석 심리학의 창시자로 알려진 칼 융Carl Gustav Jung은 과거의 경험과 현재의 자신 사이에 고민하는 우리에게 이런 명문장을 남겼다.

> "나는 나에게 일어난 일들의 결정체가 아니다.
> 나는 내가 선택하는 사람이 될 것이다."

 이 명언을 비로소 이해하기까지 참 오랜 시간이 걸렸다. 묵은 때를 벗겨 내듯, 항상 들고 다녔던 오랜 짐을 벗어 던지듯 과거에 얽매인 나로부터 해방되는 느낌은 그 무엇과도 비교할 수 없었다. 항상 전전긍긍, 뒤를 신경 쓰며 앞으로 걷는 느낌이었다. 앞으로 내가 내리는 선택이 나를 형성하리라는 생각은 미래에 대한 벅찬 기대를 만들었고 그것은 이내 거센 감동이 되었다. 빈손으로 시작한 인생이 처음으로 설레던 순간이었다.

 참 오랫동안 완벽함을 좇았다. 닿을 듯하지만, 결코 닿을 수 없는 목표를 향해 끝없는 경주를 벌이는 것처럼. 학창 시절에는 100점 혹은 통과를 목표로 했고, 직장에서는 실수 없는 인재가 되길 바랐다. 그러나 인생은 그리 호락호락하지 않았으며 세상의 기준표에 나는 낙제하고 말았다. 사회가 말하는 완벽함을 추구하면 추구할수록 나는 점점 나 자신을 잃어갔다. 그렇게 내가 원하는 삶은 멀어져갔다. 흥미롭게도 삶에 대한 괴리를 극복할 수 있도록 도와준 건 존 레전드 John Legend의 노래 가사였다.

"All your perfect imperfection"
"당신의 모든 완전한 불완전함"

"All of me"에 나오는 가사다. 어느 날 이 노래를 들으며 홀로 삶의 이치를 깨달았다. 그토록 불완전하고 불안정했던 삶은 고유한 나의 삶으로서의 완전함을 채워 가고 있던 것이다. 내가 숨기고자 했던 결함과 상처는 오히려 나만의 독특한 빛깔을 완성해 주는 요소였으며 과거의 모든 경험은 비료가 되어 더욱 아름다운 꽃을 피워 내기 시작했다.

앞으로 펼쳐질 이 책의 여정은, 오랫동안 나를 방치했던 과거를 딛고 새롭게 출발하는 발걸음이 될 것이다. 이곳에는 인간의 불안전함이 만들어 낸 심리 현상과 내 삶 그리고 죽어 가는 당신을 소생시켜 줄 이야기가 담겨 있다. 우리는 모두 불완전하지만, 그 속에서 진정한 자신을 발견하고, 그것을 받아들이는 과정에서 진정한 성장을 경험할 수 있다.

당신도 마찬가지다. 과거에 얽매여 있다고 느낀다면 미래를 향한 기대와 용기로 이 책을 집어 들길 바란다. 당신의 부족함이, 앞으로 펼쳐질 인생의 가장 큰 자산임을 기억하며, 이 책을 통해 진정한 '나다움'을 만나기를 기대한다.

| 차례 |

프롤로그 3

잊고 싶어도 지워지지 않는 상처가 있다 • PTSD 10
아무리 쉬어도 피로는 왜 가시지 않을까? • 만성피로 증후군 16
행복은 멀리서 찾는 게 아니라 가까이에서 발견하는 것 • 파랑새 증후군 21
가장 무서운 건 할 수 있음에도 하지 않는 것 • 블랭킷 증후군 26
행복은 누군가가 정해줄 수 있는 영역이 아니다 • 모글리 증후군 32
도무지 이유를 알 수 없는 실력 저하가 올 때 • 스티브 블래스 신드롬 37
칭찬을 받은 만큼 성장하는 인간의 심리 • 로젠탈 효과 42
일을 멈추지 못하는 워커홀릭의 실제 모습 • 과잉적응 증후군 47
괴물과 싸울 때, 당신이 괴물이 되지 않도록 주의하라 • 일반화의 오류 53
고통을 선택할 수 있는 사람만 성공을 경험한다 • 파노플리 증후군 59
감정과 표정을 숨기는 사람들 • 스마일 마스크 증후군 64
좋은 사람만 걸리는 증후군 • 착한아이 증후군 69

다르다고 틀린 것이 아니다 • 아스퍼거 증후군	74
세상은 자극적인 콘텐츠에 중독되고 있다 • 잔혹한 세계 증후군	79
사람은 생각하는 대로 살게 된다 • 귀인歸因이론	83
우리가 몰랐던 • 사랑의 삼각형 이론	87
나는 그저 사랑받고 싶었을 뿐인데 • 드 클레랑보 증후군	92
네가 올 때까지 영. 원. 히. 기다릴게 • 와이트 섬리딩 증후군	97
영원히 어린 아이로 살고 싶은 사람들의 심리 • 피터팬 증후군	100
욕심은 많은데 능력 없는 사람들의 습관적 거짓말 • 리플리 증후군	105
의심은 당신을 점점 미치게 만든다 • 오셀로 증후군	110
인정받지 않으면 살 수 없는 인생 • 영웅 증후군	114
외부의 평가가 나의 가치를 결정할 수 없다 • 가면 증후군	118
의식하지 않고 웃을 때가 가장 예쁘다 • 아도니스 증후군	124

자주 볼수록 점점 좋아 보이는 효과의 비밀 • 에펠탑 효과　　128

보고 싶은 것만 보고 살 수는 없다 • 바더-마인호프 현상　　133

당연했던 것들이 무너지기 시작할 때 • 게슈탈트 붕괴 증후군　　138

집착이 섞인 애정으로 파괴당한 동물들의 삶 • 노아 증후군　　142

더 이상 사람에게 상처 받기 싫은 사람들 • 고슴도치 딜레마　　145

진짜 사랑을 겪은 사람만 느낀다는 '이것' • 상심 증후군　　149

보고 있지만 당신은 보지 못했다 • 보이지 않는 고릴라　　154

다수의 의견은 정말 옳은 것일까? • 침묵의 나선　　159

기대하는 게 많을수록 우울해진다면 • 파리 증후군　　164

쓸데없는 걸 알면서도 물건 사는 이유 • 디드로 효과　　169

극한의 외로움을 해결하는 방법 • 외로움의 전염　　173

진짜 사랑하면 서로를 닮게 된다 • 미러링 효과	179
0부터 시작할 수 있다면 다시 시작하겠는가? • 리셋 증후군	184
과거에 묶인 채 한 발짝도 못 나아가는 사람 • 무드셀라 증후군	189
노인이 되면 어떻게 살 것인가? • 사회 쇠약 증후군	195
당신은 더 이상 철부지 어린애가 아니다 • 팅커벨 증후군	200
용기를 낸 사람을 비판할 사람은 그 어디에도 없다 • 방관자 효과	205
아는 게 힘일까? 모르는 게 약일까? • 행복한 무지	209
주 100시간을 일하고 깨달은 사실 • 번아웃 증후군	214
에필로그	222

잊고 싶어도 지워지지 않는 상처가 있다
PTSD

최근 PTSD라는 말이 단어의 원 의미와는 다르게 자주 사용되는 표현이 되고 있다. 회사 생활, 혹은 친구들끼리 장난치던 중 트라우마와 비슷한 느낌을 받으면 "아, PTSD 올 것 같아"라는 말을 종종 한다.

〈PTSD〉의 진짜 의미는 외상 후 스트레스 장애 PTSD, Post-Traumatic Stress Disorder 를 줄여 부르는 말로, 극심한 외상 사건을 경험한 후 나타나는 정신적 장애를 일컫는다. 여기서 극심하다는 말의 의미는 전쟁, 자연재해, 심각한 사고, 폭력, 성폭력과 같은 극단적인 경우를 의미한다. 실제로 오프라 윈프리는 어린 시절 성폭력을 당한 경험으로 인해 생겨난 PTSD 증상과 오랫동안 싸워왔음을 밝히기도 했다.

그녀처럼 나도 11년간 PTSD와 싸워오고 있다. 2014년 5월 대학을 졸업하고 처음으로 직장을 구해 첫 출근을 앞둔 3일 전, 나는 서울대학교 병원에서 호지킨 림프종이라는 혈액암 판정을 받았다. 가장 젊고 건강했던 25살 초여름, 내 인생은 그 자리에서 그대로 멈춰버리고 말았다. 충격적인 사건이었음에도 왜 의연해야 한다고 생각했는지 모르겠지만 당시의 나는 아무 일도 없다는 듯 서울대학교 병원 맞은편 골목에 위치한 브런치 집을 찾아가 혼자 밥을 꾸역꾸역 먹었고 멍하니 하늘을 올려 보다 집으로 돌아왔다. 하필 암 판정을 받은 날 혼자 밥을 먹게 되다니, 내 인생이 한없이 불쌍하게 여겨졌다. 그렇게 일주일 뒤 치료가 시작됐다. 아프다는 소문이 자자한 골수검사를 거쳐 본격적인 항암요법까지. 의사 선생님께서는 처방받을 치료약이 머리카락이 다 빠지는 약이라고 말씀하셨고 나는 그날 저녁, 스님처럼 반질반질한 대머리가 되었다.

주변에 항암 환자들을 본 사람은 알겠지만, 약물치료Chemotherapy는 정신적으로 굉장히 힘든 치료법이다. 하루 종일 메스꺼움이 떠나지 않고 모든 감각이 예민해져서 극도의 날카로운 정신 상태로 하루하루를 보내야 한다. 더군다나 약을 2시간 동안 투여 받고 오면 몸이 80대 할아버지처럼 힘이 없어진다. 하루에 4시간씩 운동하며 건강하게 살던 나로선 모든 현실이 갑자기 무너진 느낌이었다. 실시간으로 올라오는 짜증을 24시간 억눌렀어야 했고, 그 여파로 나는 치료 후에 오는 '정서 조절의 어려움'을 항암 PTSD[1]로 얻게 되었다.

---
1 암 관련 PTSD는 Cancer-Related암 관련이라는 단어를 축약해 CR-PTSD라 부른다

10년이 넘게 지난 요즘도 예상치 못한 정서 조절의 어려움을 가끔 겪는다. 특히 컨디션이 안 좋거나 어떤 일이 기폭제가 될 때 순식간에 감정이 1에서 100으로 치솟는다. 정신 훈련을 철저하게 해 둔 덕일까, 겉으로 표출하는 부분은 거의 통제할 수 있어 주변 사람들이 잘 알아채지 못할 때가 많지만 속은 아직 식지 않은 용암처럼 들끓고 있다.

그럼에도 불구하고 누군가 "과거로 돌아가 바꾸고 싶은 것이 있으신가요?"라고 묻는다면 나는 아무것도 없다고 당당히 말하고 싶다. 완치 판정을 받고 많은 세월이 흘렀기에 담담히 적는 감상이지만, 만약 항암치료의 어려움을 몸소 체험하지 않았다면 나는 아마 PTSD가 무엇인지 감히 상상하지도, 공감한다 말하지도 못했을 것이다. 믿기지 않겠지만, 죽음의 문턱까지 다녀온 암 투병의 경험을 나는 삶에서 지우고 싶지 않다. 그 경험이 있었기에 오늘의 내가 존재하기 때문이다.

혈액암을 겪었기에 나는

1. 타인의 어려움이 무엇인지 알고
2. 정신적으로 극심한 스트레스를 이해하며
3. 비슷한 어려움을 겪은 이들을 위로할 수 있게 되었다.

왜 나는 고통스러웠던 과거를 이토록 진솔하게 이 책에 담게 되었을까? 그건 나의 투쟁을 통해 인간의 마음이 얼마나 연약하면서도 동시에 강인할 수 있는지 전하고 싶기 때문이다. 특히 나처럼 가장 아름다운 나이에 고통을 겪는 모든 이들을 위하여.

인생을 살다 보면 불어난 파도처럼 예상치 못한 고통에 온몸이 젖어버릴 때가 있다. 심지어 힘든 순간이 시작되기 무섭게 또 다른 어려움이 찾아올 수도 있다. 치열한 시간 끝에 PTSD 증상이 온다면 하나만 기억하자. 아직 우리의 이야기는 끝나지 않았다. 당신에게는 다시 일어설 힘이 있다. 힘든 시련으로 시작되는 이 이야기의 끝은 강인한 마음의 힘을 가진 당신의 극복 여정이다.

과거에 받은 짙은 상처로 회복력을 잃고 살아가는 사람이 많은 요즘이다. 당신에게 주어진 그 멋진 인생을 단 한 순간도 낭비하지 않길 바란다. 치료를 받을 당시, 암 판정을 받고 치료를 이겨 내지 못하고 죽는 상황을 상상해 본 적이 있다. 혹시 치료가 예정대로 잘 진행되지 않아 죽는다면, 남은 시간을 과연 어떻게 보낼 것인가? 그때의 기도를 난 아직 기억하고 있다.

'다시 한번 살 기회가 주어진다면 오늘이 마지막 날인 것처럼 소중히 살아 보겠습니다. 그리고 내가 가진 것을 나누며 살겠습니다.'

당신이 아무렇지 않게 보낸 하루는 누군가 그토록 원하던 하루일 수 있다. 주어진 아침에 감사하며 찬란한 삶에 온 마음을 다하길 바라며.

"아픔을 겪는 것은 삶의 일부이지만,
그것이 우리를 정의하지는 않는다."

오프라 윈프리 Oprah Gail Winfrey

아무리 쉬어도 피로는 왜 가시지 않을까?

만성피로 증후군

평소 넷플릭스에 있는 다양한 다큐멘터리를 즐겨 본다. 최근에 가장 흥미롭게 본 작품은 감독의 자전적인 이야기를 다룬 〈Unrest〉이다. 하버드 박사 과정을 밟던 젠은 생기 있고 활발한 성격으로 자기일 뿐만 아니라 대인관계에서도 뛰어난 사람이었다. 하지만 고열로 인해 몸이 크게 아픈 후 일과 대인관계 모두에서 무기력함을 느끼며 침대 밖을 나오지 못한다. 끊임없는 피로가 그에게 몰아쳤기 때문이다. 여러 병원에 다니며 증상을 치료하려 했지만, 병원마다 서로 다른 진단을 내리며 쉽게 치료가 되지 않았다. 결국 젠은 자신과 유사한 증상을 겪고 있는 사람들이 있다는 사실을 알고, 이들의 이야기를 카메라에 담기 시작한다. 그들은 공통적으로 현대 성인병의 대표적 증상 중 하나인 〈만성피로 증후군〉을 앓고 있었다.

마라톤 경기에서 1위로 달리던 선수가 갑자기 튀어나온 관중 때문에 레이스를 잠시 중단한 모습을 본 적이 있다. 비록 4~5초 정도 멈췄을 뿐이지만, 이 선수는 이후로 페이스를 찾지 못하고 결국 순위권 밖으로 밀려나게 됐다. 왜 순위권 밖으로 밀려났을까? 다양한 이유를 들 수 있지만, 가장 중요한 점은 42.195km를 달리는 긴 레이스 속에서 자신의 한계를 돌파하며 뛰던 선수가 갑작스러운 방해로 페이스가 무너지고, 잠깐의 중단으로 극심한 피로감을 느끼기 시작한 것이다. 만성피로 증후군도 이와 비슷하다. 활기차게 살아가던 사람이 갑자기 한 번 아픈 이후로 다시 달릴 힘을 잃어버리는 것. 인생을 마라톤에 비유하면 잠깐 아픈 4~5일은 긴 삶에 있어 짧은 일부에 불과하지만, 그로 인해 몸은 극심한 피로를 느끼게 된다.

대부분은 만성피로 증후군을 단순히 '몸이 늘 피곤한 상태'로 인식해 하루만 푹 자도 해결될 수 있다고 생각한다. 하지만 이는 잘못된 생각이다. 물론, 피로의 원인이 불규칙한 생활 습관과 수면 부족이라면 충분한 휴식을 통해 해결될 수 있다. 하지만 만성피로 증후군은 규칙적인 생활이 불가능할 정도의 피로감과 무기력증이 병적으로 극심하기에 중대 질환으로 꼽힌다.

과거에는 성공과 성취를 위해 자신을 희생하는 것이 미덕으로 여겨졌지만, 이제는 건강과 삶의 질을 중시하는 방향으로 바뀌고 있다. 'Work and Life Balance'의 줄임말인 '워라밸', '웰빙', '웰다잉' 등의 명칭이 다양한 곳에서 쏟아져 나오고 있다. 이는 단순히 개인의 문제가 아니라 사회적, 문화적 트렌드로 자리 잡았다는 증거이기도 하다. 이제 우리도 성취를 위해 건강을 포기하는 문화에서 상당 부분 탈피하려는 경향이 보인다. 워라밸은 일과 삶의 균형을 맞추는 것 이상을 의미하는데, 우리가 얼마나 지속 가능한 방식으로 건강하고 행복하게 살아갈 수 있는지에 대한 질문이기도 하다.

시간은 언제나 짧고 할 일은 많다. 현대인은 끊임없이 바쁜 일상을 살아가면서도, 건강을 챙기기 위해 노력하고 있다. 하지만 이러한 노력에도 불구하고 많은 사람들이 만성피로와 같은 문제를 겪고 있는 이유는 무엇일까? 이는 단순히 몸의 문제가 아니라, 마음의 문제이기도 하다. 삶은 단순히 생존을 위한 투쟁이 아니라, 의미를 추구하는 과정이다. 우리는 삶에 의미를 부여하고, 그 의미를 통해 자아를 실현해 나가는 존재다. 따라서 건강을 중시하고, 삶의 질을 높이기 위해서는 외적인 변화뿐만 아니라 내적인 성찰이 필요하다. '워라밸'과 '웰빙', '웰다잉' 등의 개념은 단순히 트렌드가 아니라 삶의 본질을 되돌아보게 하는 중요한 질문들이다.

당신은 어떤 삶을 살고 있는가? 그 삶은 껍데기가 아닌가? 이러한 질문을 통해 삶을 더 깊이 이해하면 피로에 잡아먹히는 일은 없을 것이다. 인문학적 관점에서 진정한 행복과 건강은 외적인 조건에서 오는 것이 아니라, 내적인 성찰에서 온다. 당신과 나는 삶의 서사를 써나가는 한 명의 작가다. 그 이야기가 피로와 스트레스로 가득 찬 것이 아니라, 달콤한 행복으로 가득 차도록 노력해야 한다.

부디 지친 마음을 챙기며 무너지기 전에 삶을 돌보길 바란다.

"내면을 돌아보는 것이
진정한 쉼이자 행복의 시작이다."

마르쿠스 아우렐리우스 Marcus Aurelius Antoninus

행복은 멀리서 찾는 게 아니라
가까이에서 발견하는 것

파랑새 증후군

    옛날 옛적 가난한 나무꾼의 자녀 틸틸과 미틸이 있었다. 두 남매는 작은 오두막에서 부모님의 사랑을 받으며 무럭무럭 자랐지만, 마음 한구석에는 늘 무언가 부족한 느낌을 받았다. 그러던 어느 날, 요정 베릴륀이 나타나 두 남매에게 파랑새를 찾아 여행을 떠나라는 말을 전한다. 파랑새는 단순한 새가 아니라 진정한 행복을 상징하기 때문에 새를 찾으면 모든 소원이 이루어진다고 했다.

    남매는 요정의 말을 따라 파랑새를 찾기 위해 먼 여행을 떠났다. 그들은 숲, 궁전, 묘지, 미래 나라 등 여러 곳을 다니며 다양한 사람들과 생명체를 만났지만, 어디를 가든 파랑새는 발견되지 않았다. 그들이 찾던 파랑새와 행복은 좀처럼 잡히지 않는 듯 보였다. 시간이 흘러 지치고 지친 남매는 결국 집으로 돌아가는 걸 선택했다. 집으로 돌아온 틸틸과 미틸은 눈앞에 보이는 광경에 머리를 한 대 맞은 듯 놀라운 사실을 깨달았다. 파랑새는 집에 있던 작은 새장 안에 늘 머물고 있던 것이다. 그제야 남매는 요정이 전하려 했던 메시지를 깨닫게 된다. 진정한 행복파랑새은 멀리 있는 게 아니라, 항상 곁에 있었다는 사실을 말이다.

이 이야기는 벨기에의 극작가 모리스 마테를링크의 동화 《파랑새》이다. 이 동화를 모티브로 하여 생겨난 〈파랑새 증후군〉은 삶에 대한 불만족으로 항상 더 나은 것을 찾아 헤매는 상태를 의미한다. 요즘 현대인들은 어쩌면 모두 파랑새 증후군에 걸려 있다 해도 과언이 아니다. 파랑새를 찾아 헤매는 틸틸과 미틸의 모습과 현재의 삶에 만족하지 못한 채 항상 더 나은 것을 추구하는 우리의 모습은 많은 부분에서 닮아있다. 누군가는 직장에서, 사랑하는 관계에서, 이상적인 라이프 스타일에서 끊임없이 파랑새를 찾아 헤매고 있다.

허나 '항상 더 나은 것을 찾아 헤매며, 끊임없는 변화와 새로운 경험을 갈망하는 상태'를 행복을 놓치고 있는 상태로 바라보는 것은 다소 편향된 해석이다. 자신을 더욱 나은 상태로 만들고 싶어 하는 자기 계발적 소양을 가진 사람이라면 이 문장은 문제가 아니라 도리어 요구되는 소양이기 때문이다. 이 문장은 '갈망'이라는 단어를 어떻게 바라보느냐에 따라 두 가지 관점으로 분화될 수 있다. '갈망'의 뜻은 '목마른 사람이 물을 찾듯이 간절히 바란다'는 의미다. 이는 사막에서 오아시스를 찾아 헤매듯 간절한 마음으로 무언가를 원하고 있으며 그 상태가 멈추지 않는다는 뜻이다. 이 사실이 우리에게 전하는 의미는 갈망하는 상태, 즉 목마른 상태는 충분한 상태가 아니라 결핍의 상태라는 거다. 결핍으로 가득 찬 상태에서는 절대로 만족감을 느낄 수 없다. 만족감을 느낄 수 없으면 행복감도 느낄 수 없다. 따라서 무언가가 결핍되어 있고 계속해서 바라기만 하는 상태는 밑 빠진 독에 물을 붓는 것과 다르지 않다.

두려운 사실은 앞으로 우리가 살아갈 사회는 끊임없이 성취와 성공을 강조하고, 경쟁을 통한 승리를 언급하며 경주마 같은 삶을 추구하도록 우리를 압박할 것이다. 사실 생각해 보면 그렇지 않은가? 어린 시절 내 인생이 무엇인지 생각해 보기도 전에 공부와 수능이라는 환경으로 내몰려 끝없는 경쟁 속에서 우리는 고통 받지 않았는가. 이렇듯 당신이 정신을 차리고 삶을 제대로 꾸려가겠다는 결심을 하지 않는다면, 결코 행복에 도달할 수 없을 것이다. 행복한 사람들은 알고 있다. 행복은 의외로 사소한 것에서 비롯되며 가장 가까운 곳에 있다는 사실을.

잊지 말자. 현재의 만족과 행복감을 느끼는 것은 어려운 일이 아니라 원하면 당장 성취할 수 있는 일이다. 사람들은 행복을 항상 멀리 있다고 생각한다. 내가 돈을 많이 벌어야 행복할 수 있다고 생각하고, 아주 먼 미래에 멋지게 은퇴하고 나면 행복한 삶을 살 수 있을 거로 생각한다. 아주 소수의 사람만이 퇴근 후에 가족과 함께 포옹을 하고 스쳐 지나갈 이 순간을 기억하며 현재 만족하며 사는 것이 행복의 가장 큰 방법이라는 사실을 알고 있다.

타인의 행복을 염탐하지 말고 외부의 조건에서 행복을 찾는 습관을 멈추자. 자책할 필요는 없다. 우리는 그저 사회가 요구하는 대로 인생을 살아왔을 뿐이다. 더 좋은 직장, 더 많은 재산, 더 나은 인간관계에 우리의 행복을 던져두지 말고, 자기 인식과 내면의 성장, 그리고 현재의 삶을 받아들이고 감사함을 통해 행복한 삶을 즉시 시작하자. 파랑새 증후군은 누구나 겪을 수 있는 심리적 상태지만, 이를 인식하고 극복하는 건 각자의 몫이다. 진정한 행복은 그리 멀리 있지 않다는 사실을 기억하며 당장 내가 행복감을 느낄 수 있는 것이 무엇인지 꼭 한 번 생각해 보기 바란다.

당신은 행복을 선택할 자격이 있다.

"우리는 행복을 찾기 위해 이리저리 떠돌지만,
행복은 바로 우리 안에 있다."

소크라테스 Socrates

가장 무서운 건 할 수 있음에도 하지 않는 것
블랭킷 증후군

새로운 것을 통해 변화를 즐기는 사람이 있다. 그들은 새로운 일을 앞두고 흥미진진한 감정을 느끼거나 실패에도 아랑곳하지 않는다. 전 세계적으로 인기 있는 만화 딜버트Dilbert를 창작한 스콧 애덤스Scott Adams는 '창의력은 실수를 충분히 하고 불필요한 실수를 걷어내는 과정'이라고 말했다. 일반적으로 위험 부담을 싫어하는 우리는 변화보다는 안정성을. 새로움보다는 익숙함을 추구한다. '편안함'은 한 개인에게 중요한 의미를 지니는데 실제로 인간은 안정성이라는 키워드 아래 더 높은 역량을 보이기도 한다.

안전하고 편안한 공간이나 상황에서 벗어나지 않으려는 심리 현상을 〈블랭킷 증후군〉이라 부른다. '블랭킷'이라는 단어는 영어의 'Blanket담요'에서 유래했다. 아이들이 담요를 감싸며 안락함을 느끼듯 성인들도 자신에게 익숙하고 편안한 환경에서 벗어나기를 꺼리는 현상을 일컫는다.

이 개념을 처음 접했을 때 나는 고개를 끄덕였다. 그 이유는 안정감이라는 단어가 삶에 정착한 지 몇 년이 채 되지 않기 때문이다. 14살부터 겪어야 했던 가족 분열의 문제. 10년 동안 이어진 불안정한 관계로 항상 떠돌아다니는 느낌이었다. 집에 있을 땐 가슴이 답답했고, 직장을 다녀도 언젠가 떠나야 한다는 불안감에 하루하루를 보냈다.

잠시 집을 떠났던 28살 여름, 부산에 사는 친구의 집에서 시간을 보내며 나는 '인생은 결국 혼자'라는 미성숙한 깨달음을 얻었다. '인간의 삶에서 안정성은 허상이며, 인간은 불안정성과 안정성 사이에서 끊임없이 싸우는 존재'라는 생각에 사로잡혔다. 깨달음이 있었지만 나의 갈증은 사라지지 않았다. 한 달 뒤, 나는 안나푸르나에 다녀오기 위해 네팔 포카라로 떠났다. 과격한 결정이었다. 초등학생 이후 산을 타본 적도 없으면서 4,300m 베이스캠프에 가겠다는 마음으로 8박 9일간 나홀로 안나푸르나를 올랐다. 당시 나는 안나푸르나를 오르는 유일한 한국인이었다(당시 대부분의 한국인들은 패키지 여행으로 왔다). 젊은 시절의 나는 진취적이고 도전적이었으며 새로운 영감을 위해 먼 길과 어려운 수고를 마다하지 않았다.

그 이후로 8년이라는 세월이 흘렀다. 사랑하는 아내의 남편으로, 한 아이의 아빠로 살아가며 이전과 크게 달라졌다고 느끼는 한 가지는 '이젠 변화가 불편하다'는 사실이다. 여전히 새로움을 즐기고 탐구하려고 하지만 안정성 95%라는 기반에 5% 정도의 새로움만 추구할 뿐, 불필요한 변화를 서서히 회피하고 있다. 나이를 먹으면 먹을수록 불안정성에 대한 불편함이 커진 탓이다. 이따금씩 '새로움=불편한 것'이라는 등식을 가진 받아들이고 있는 나를 자주 목격한다. 나도 모르게 점점 더 담요블랭킷 속으로 파고들고 있었다.

'블랭킷 증후군'은 과도한 안정성 추구로 인해 새로움의 기회를 상실하게 한다. 생존을 도모하려는 뇌 편도체의 신경 활동이 너무 활성화되어 새로움의 'ㅅ'만 보아도 경기를 일으키는 것이다. 그러나 과도한 안정성 추구는 편협한 생각을 만들고 빠르게 변화하는 세상에서 나를 도태시킨다. 새로움이 과하게 억제되면 자연스레 창의력도 상실되기 마련이다.

'변화에 적응을 못하면 어쩌지? 사람들이 나를 이상하게 보면 어떡하지?'

이런 마음은 수도 없이 당신을 찾아와 하지 말아야 한다는 증거를 제시하고, 하지 말았어야 했다는 자책까지 종용한다. 실수하는 자신을 보는 것만큼 쓰라린 경험도 없다고 하지 않는가. 하지만 괜찮다. 도전 너머에 무엇이 있는지는 아무도 모른다. 크고 작은 도전을 통해 우린 자신감 향상, 해낼 수 있다는 자기 효능감, 문제 해결 능력, 개인의 성장, 위기 대처 능력, 스트레스 관리 능력 등 그 어떤 어려움이 와도 이겨 낼 수 있는 회복탄력성 패키지 세트를 얻게 될 것이다.

나는 공식 석상에서 "두려움 또한 원동력이 될 수 있다"라고 종종 말하곤 한다. 불안은 더 나아가고 있다는 증거이며 우리가 더 나은 삶을 만들어가는 데 필요한 연료로 사용할 수 있다. 지금 이 순간에도 누군가는 1가지 사건을 서로 다른 2가지 관점으로 바라본다.

1. "그러니까 난 안될 거야."
2. "그렇기에 난 잘될 거야."

당신은 어디에 속하는 사람인가? 편안한 게 제일 좋지만 우리는 마음과 정반대로 행동할 줄 알아야 한다. 적어도 지금보다 더 나은 삶을 원한다면 말이다. 블랭킷 증후군의 담요를 벗어던지고 실수와 창의력이 생동하는 호수 속으로 뛰어들자. 차갑고 너른 호수를 바라보며 왜 두렵지 않겠는가. 왜 불편하지 않겠는가.

혹시 아직 마음의 준비가 되지 않았다면 담요 안에서 때를 살펴봐도 좋다. 당신에게 가장 적합한 변화의 순간이 머지않아 당신을 찾아갈 테니까. 다만, 뛰어들어야 한다고 느낀다면 즉시 세상 밖으로 나가야 한다. '가능할까?'라고 의심했던 그 일을 시작하자. 98%의 걱정이 나를 끌어내리려 할 때 2%의 확신으로 날아오르자. 가장 무서운 건 할 수 있음에도 하지 않는 것이다. 잠재력을 믿어라.

"당신이 할 수 있다고 믿으면, 반은 이룬 것이다."

시어도어 루즈벨트 Theodore Roosevelt

행복은 누군가가 정해줄 수 있는 영역이 아니다
모글리 증후군

 디즈니 애니메이션 〈정글북〉은 정글에서 자란 인간 소년 모글리의 이야기이다. 모글리는 동물 친구들과 함께 생활하며 자연 속에서 성장하고, 다양한 지혜를 배운다. 하지만 정글의 위협과 인간 정체성 때문에 동물들이 다시 모글리를 결국 인간 마을로 돌려보내는 스토리다. 이는 인도의 디나Dina Sanichar라는 실제 인물을 모티브로 삼고 있다. 원작《정글북》이 출간되기 20년 전인 1867년, 북부 인도에서 늑대 무리와 함께 발견된 디나는 당시 겨우 6살이었고 늑대와 함께 네 발로 걸어 다녔다고 한다. 사냥꾼들은 늑대 무리가 사는 동굴 입구에 불을 피워 소년을 구출해 문명 세계로 데려왔고, 디나라는 이름을 지어줬다. 그러나 디나는 인간의 말을 배우지 못하고 늑대처럼 울부짖기만 했으며, 날고기만 먹고 사람들과 거리를 뒀다. 그렇게 20여 년 동안 고아원 목사의 보살핌을 받았으나 1935년 35세의 나이에 폐결핵으로 세상을 떠나고 말았다.

 인간이 어릴 때 올바른 사회화 과정을 경험하지 못해서 벌어지는 현상을 〈모글리 증후군Mowgli Syndrome〉이라 한다. 보통의 아이는 부모에게 양육되면서 인간의 문명과 가치관을 흡수하는 교육을 받고 비로소 홀로 자립할 수 있는 어른이 된다. 그러나 이러한 과정을 거치지 못하고 인간의 대우를 마땅히 받지 못한 상태로 자라면, 정상적인 생활이 어려워지게 된다. 실제로 이런 상황에 놓인 아이는 치료하는 과정에서 질병과 스트레스로 숨지거나, 설령 교화에 성공하더라도 제대로 된 지능을 갖지 못해 서너 마디의 짧은 말을 하는 게 고작이었다고 한다. 이러한 사례는 유아기의 인격 형성에 있어 문명화 교육이 절대적으로 필요하며, 교육을 받지 못하면 동물과 다를 바 없는 삶을 살 수밖에 없음을 시사한다.

이것은 내 지인의 대학 시절 이야기이다. 재수를 통해 대학에 입학한 지인은 신입생 환영회에서 동갑이자 1년 선배와 대화를 나누게 되었다고 한다. 대화가 잘 통하는 사람은 아니었지만, 자신의 본가와 선배의 본가가 가까운 곳에 있다는 사실에 크게 반가워하면서 그 이후로 함께 학교생활을 했다. 하지만 선배의 부담스러운 태도와 소통이 잘되지 않는 느낌에 점차 거리를 두게 되었다고 한다. 사람들과 친해지려는 행동이 너무 과해 오히려 거부감을 준 것이다. 그러다 우연히 그 선배와 같은 초중고를 나온 친구의 이야기를 듣게 되었는데 그는 불우한 환경에서 자라 고등학교 1학년 때 자퇴를 했고 학창 시절 내내 왕따를 당했다고 한다. 지인은 그 뒤로 그 선배가 왕따를 당했다는 사실을 철저히 숨겼다. 그 선배에게 무관심했던 자신도 죄책감을 느꼈고, 다시 시작하고자 하는 선배의 마음을 망치고 싶지 않았던 것이다. 하지만 안타깝게도 그 선배는 대학교에서도 외톨이가 되었다. 친구를 사귀고 소통하는 법을 익혀야 할 시기를 놓친 그 시기의 상처가 지금까지 이어진 것이다.

모글리의 모티프가 된 디나는 과연 행복했을까? 분명 사냥꾼들은 디나를 구하는 게 의로운 일이며 그를 위한 것으로 생각했을 것이다. 하지만 가족과 결별하여 강제로 인간 세상에서 살아가야만 했던 디나는 고통스럽게 인간의 습성을 배우며 괴로운 일상을 보내지 않았을까? 차라리 인간 세상이 아닌 동물들과 함께 어울려 살다 죽는 게 그에게 훨씬 행복한 삶이 아니었을까?

삶의 행복은 누군가 결정해 줄 수 있는 영역이 아니다. 진정으로 누군가를 위하는 일이라고 해도 그것이 상대에게 정말로 필요하리라는 보장은 없다. 필요하다고 생각하는 판단이 곧 나의 신념에 의한 강요일 것이 틀림없기 때문이다. 행복도 강요당하는 요즘, 타인의 말에 휘둘리는 인생을 살다 땅을 치며 후회하는 사람이 많다. 잘잘못을 따지기엔 이미 늦었지만, 이것 하나만큼은 분명히 알아야 한다. 인간에게는 건강한 정서와 올바른 교육이 필요한 것. 지금이라도 주변을 돌아보자. 방향이 틀어져있다면 스스로 길을 바로잡을 수 있고 이끌려 살아가는 누군가를 당신이 구할 수도 있다.

"인간은 그가 속한 환경에 따라 달라진다.
따라서 우리가 어떤 환경에서 살고 있는지를
깊이 고민해야 한다."

프리드리히 니체 Friedrich Wilhelm Nietzsche

도무지 이유를 알 수 없는 실력 저하가 올 때
스티브 블래스 신드롬

야구를 좋아하는 사람이라면 누구나 아는 '입스YIPS'라는 용어가 있다. 입스는 투수나 포수에게 많이 볼 수 있는 증상으로, 야구 선수가 갑자기 원하는 곳에 공을 던지지 못하게 되는 현상이다. 특히 야구와 같이 섬세한 근육 사용이 필요한 운동에서 입스는 매우 치명적인 증상이다. 평소에는 문제가 없던 동작에 급작스러운 심리적 불안이 생기면서 근육이 경직되어 제대로 공을 던질 수 없게 되는 것이다. 선수 입장에는 신체에 문제가 없으니 마땅한 이유를 찾지 못해 더 깊은 좌절에 빠지고, 원인 모를 불안으로 인해 제 실력을 발휘하지 못하는 악순환이 반복된다.

〈스티브 블래스 증후군〉은 야구 선수가 갑자기 스트라이크를 던지지 못하는 등의 제구력 난조를 겪는 증후군으로, 메이저리그에서 활동한 스티브 블래스의 이름에서 따온 정신적 장애다. 스티브 블래스 증후군은 바로 입스의 축소판 개념으로, 야구 판에서만 쓰이는 전문 용어이기도 하다. 이 증후군이 단순한 슬럼프와 다른 점은, 슬럼프는 어떤 이유로든 일이 잘 풀리지 않아 나타나는 증상인 반면, 입스YIPS는 신체적, 정신적, 심리적 이유로 시야가 흐려지거나 마음대로 행동을 할 수 없는 증상에 가깝다. 이 증후군은 야구 선수에게 거의 사망선고와 다름없으며 벗어나는 데 긴 시간이 소요된다.

드라마 스토브리그에서도 비슷한 사례가 나온다. 입스를 겪고 있는 드림즈의 투수 유민호는 심리적 요인으로 인해 공을 제대로 던지지 못하는 상태였고, 중요한 경기에서 연속 볼넷을 내주며 팀을 위기에 빠뜨린다. 그때 투수 코치 손광업은 유민호에게 다가가 두 가지 미션을 준다.

1. 임동규상대 선수를 삼진으로 잡아라.
2. 그것이 불가능하면 임동규에게 홈런을 맞아라.

유민호는 결국 첫 번째 미션에 실패하고 임동규에게 홈런을 맞으면서 드림즈는 역전을 당한다. 하지만 코치와 구단 관계자들은 미소를 짓는다. 왜냐하면 비록 유민호가 홈런을 맞았지만, 홈런을 맞았다는 행위 자체가 스트라이크를 던질 수 있다는 의미였기 때문이다. 스트라이크를 던질 수 있어야 삼진도 잡을 수 있으니, 홈런을 맞은 것이 도리어 입스의 회복 증거였던 셈이다.

이 증후군은 야구 용어지만, 비단 야구에만 해당한다고 할 수 없다. 평소 잘하던 일을 중요한 순간에 망쳐버리는 일 역시 스티브 블래스 증후군의 일종이라고 말할 수 있다. 그중 가장 대표적인 경우가 바로 무대 공포증이다. 필자는 수많은 자리에서 서서 아무 문제없이 강연을 하지만, 사실 요즘도 무대에 올라가면 다리가 바들바들 떨리는 게 느껴진다. 대학 시절 영어 프레젠테이션에서 크게 실수를 한 적이 있어 일종의 트라우마가 잔재처럼 남아 있는 것이다. 사람들은 떠는 게 전혀 느껴지지 않는다며 내 말을 농담처럼 받아들이지만, 수백 명의 사람들 앞에서 강연을 하기 위해 일주일 동안 멘탈 트레이닝을 해온 사실은 아무도 모른다. 재미있는 사실은 이 무대에 대한 두려움을 극복할 수 있게 도와준 말이 바로 "하나도 안 떠시는 것 같아요."라는 말이었다. 내가 떨고 있는데 남들이 그렇게 보지 않는다면, 오히려 잘된 일 아닌가! 떨 때 떨더라도 준비한 할 말을 다 하고 내려가자는 마인드로 임하니 두려움의 많은 부분이 해소되고 잊혔다.

모든 것은 마음먹기에 달렸다는 말처럼 마음 한편에 자리 잡고 있는 불안을 정면으로 맞서면서 그것을 타파해 보자. 사실 내가 실수해도 사람들은 그리 신경 쓰지 않는다. 도리어 필자의 경험처럼 칭찬을 받을 수도 있다. 당장 어제 내가 무엇을 입었는지도 잘 기억하지 못하는데 나의 실수를 일일이 기억하겠는가. 그러니 생각을 바꿔 차라리 하고 싶은 거 다 하면서 일을 마무리하는 게 나와 모두에게 좋지 않을까? 이런 마음가짐으로 매사에 임한다면 그 어떤 심리적 어려움이 닥친다 하더라도 극복해 낼 수 있을 것이다. 잘하려고 하는 욕심을 알겠지만 진짜 바이브는 어깨에 힘이 빠졌을 때 나온다. 당신은 당신이 생각하는 것 이상으로 좋은 능력을 가진 사람이라는 걸 잊지 마라.

〈불안을 극복하는 6가지 말 습관〉
1. "나는 할 수 있어"
2. "오히려 좋아, 잘된 거야"
3. "이걸로 더 성장할 수 있겠군"
4. "지난번에도 잘했으니 이번에도 잘할 거야"
5. "완벽할 필요는 없어, 부담 갖지 말자"
6. "이건 나를 위해 준비된 기회야"

"자신에 대한 자신감을 잃으면,

온 세상이 나의 적이 된다."

랄프 왈도 에머슨 Ralph Waldo Emerson

칭찬을 받은 만큼 성장하는 인간의 심리
로젠탈 효과

영화 〈믿음의 승부〉는 문제아들이 가득한 미국의 한 고등학교 미식축구부에 부임한 감독의 이야기를 다룬다. 부임 당시 아이들은 연패로 인해 패배 의식만 가득한 상황이었다. 감독인 테일러는 학생들에게 할 수 있다는 동기를 주기 위해 훈련장에 모든 학생을 모아 등에 사람을 업은 채 오직 팔과 다리에 의존해 기어가는 '데스크롤' 훈련을 한다. 힘이 빠진 학생이 투덜거리며 말했다. "등에 아무것도 안 업으면 50야드45미터는 갈 수 있어요." 이에 테일러 감독은 단호하게 말한다. "업고도 할 수 있어. 최선을 다해야 해. 끝까지 최선을 다할 수 있어?" 테일러 감독은 대뜸 손수건으로 학생의 눈을 가리고 다시 훈련을 시작한다. 팔과 다리가 타들어 가는 고통에 학생은 그만두려 하지만 감독은 50야드가 얼마 남지 않았다며 그를 독려한다. 학생은 계속 포기하고 싶다 말하지만, 감독은 계속 외쳤다.

"넌 잘하고 있어! 계속 가는 거야 포기하지 마!"

그렇게 아이는 자신이 할 수 있는 모든 체력을 다 쓰고 나서야 넘어지게 되고, 50야드에 도착했길 빌었다. 감독은 천천히 눈을 가린 손수건을 풀어주었고 자신이 지금 어디에 와있는지 보게 해줬다.

"눈을 들어보렴. 넌 지금 운동장 끝에 와있어."

사람을 등에 업지 않으면 50야드를 갈 수 있다고 한 학생은 눈을 가리고 사람을 등에 업은 채 50야드를 나아갔다. 자신을 응원해 주고 포기하지 말라며 격려해 준 사람 덕분에 기존의 한계점을 깨부순 거다.

〈로젠탈 효과〉는 한계 속에 갇힌 우리 사회의 문제점을 정확히 지적해 주는 중요한 이론이다. 하버드대 심리학 교수인 로버트 로젠탈 교수가 발표한 이 이론은 칭찬이 주는 순기능에 대해 설명한다. 보통 '칭찬의 순기능'이란 말을 들으면 실용적이지 않거나 이상적인 말을 늘어놓는 것에 불과하다고 느낄 수 있지만 로젠탈 효과는 실제 실험을 통해 그 효과를 증명하고 있다.

교수는 샌프란시스코에 있는 한 초등학교 전체 학생 중 20%의 학생들을 조건 없이 무작위로 뽑아 실험을 진행했다. 그리고 명단을 담임 선생님께 넘기며 "이 학생들은 IQ가 높은 특별한 학생이니 학업 성취도가 높을 것입니다"라고 말했다. 당시 이것이 실험인지 알지 못한 담임선생님들은 로젠탈 교수의 말을 믿을 수밖에 없었다. 그렇게 8개월 뒤, 놀랍게도 무작위로 뽑힌 학생들의 성적과 IQ가 다른 학생들에 비해 높게 상승했다. 재미있는 사실은 담임 선생님이 특정한 편견을 가지고 가르치려 의도하지 않았음에도 불구하고, 자신도 모르게 선별된 학생에겐 더 열정적인 설명과 격려를 해 주었다는 것이다. 열정적인 응원과 가르침이 독보적인 성장을 이끌어 낼 수 있음을 알 수 있는 실험이었다.

어린 시절부터 말뚝에 묶어둔 코끼리는 큰 성인이 되어 말뚝을 스스로 뽑아낼 수 있을 정도의 힘이 생겼음에도 그러지 못한 채 평생 그 주변에서만 살게 된다. 바야흐로 칭찬이 종말하고 있는 시대다. 강압적인 환경을 조성하여 빨리 굴복시켜 말을 듣게 하면 문제를 해결할 수 있을 거라고 생각하지만 진짜 교육은 눈앞의 문제를 풀어내는 게 아닌 앞으로 어떻게 헤쳐 나갈지를 알려 주는 과정이다. 강압적인 환경은 좁은 울타리와 같지만, 칭찬은 숨은 잠재력을 꺼낼 수 있는 들판과 같다.

우리는 스스로 선을 그어 두고 너무 많은 일을 서둘러 단정 지어 버린다. 그리고 그 단정 속에서 누군가는 말뚝에 박힌 채 평생을 살아가게 된다. 스스로가 코끼리인 줄도 모른 채 말이다. 격려에는 돈이 들지 않는다. 인간의 잠재력은 무한하기에 서로에게 주는 따뜻한 조언과 칭찬을 아끼지 않는다면 자유로운 환경에서 무궁무진하게 성장하는 사람이 늘어나는 건 시간문제일 것이다.

"극히 조심한다는 방침이야말로
세상에서 가장 위험한 것이다."

자와할랄 네루 Jawaharlal Nehru

일을 멈추지 못하는 워커홀릭의 실제 모습
과잉적응 증후군

    영화 〈악마는 프라다를 입는다〉에서 메릴 스트립이 연기한 '미란다'는 세계 최고의 패션 매거진 편집장이다. 그리고 앤 해서웨이가 연기한 '앤디'는 막 대학에서 졸업하고 비서가 된 신입사원이다. 모든 것에 철두철미하고 완벽주의자이며, 일 외엔 아무것도 모르는 미란다와 비서 앤디의 좌충우돌 속에서 앤디는 해고당하지 않기 위해 그녀를 따라 워커홀릭으로 변해 간다. 사랑하던 친구와 연인 등 일 외에 그녀의 삶을 구성하던 존재들이 서서히 사라져 갔지만, 그럼에도 앤디는 자신의 일을 포기하지 못한다. 사막처럼 메말라 갔지만 일에 중독된 앤디의 머릿속엔 일 말곤 아무것도 없었다. 그러던 어느 날 앤디는 절대 무너지지 않을 것 같았던 미란다가 일 때문에 가족을 지키지 못한 채 슬픔에 빠져있는 모습을 보게 된다. 그리고 그녀와 자신이 닮아가고 있다는 걸 깨달으며 일을 그만두는 것으로 영화는 끝이 난다. 매번 강렬한 메이크업 상태로 나오던 미란다가 민낯의 모습으로 자신의 나약함을 고백하는 장면은 머릿속에서 한동안 잊히지 않았다.

열심히 일하는 것과 일중독의 차이점은 무엇일까? 매번 이 질문에 대한 고민이 많았다. 일평생 일하는 게 좋다고 생각했기에 어디서든 일거리를 찾는 나를 보며 주변에선 일중독이 아니냐며 걱정하곤 했다. 그럴 때마다 좋아하는 것 그 이상이라 말하곤 했지만, 사람들은 내가 하는 말을 쉽게 믿지 않았다. 인정받지 못하는 게 답답했지만, 마땅히 증명할 방법도 없었다. 그때 내 고민을 쉽게 해결해 준 사건이 바로 팬데믹이었다.

매일 몸이 지칠 때까지 카페에서 작업을 하는 게 일상이었던 나는 팬데믹이 시작되고 영업시간 제한이 걸리자 집에서 시간을 보내야 했다. 집은 오직 휴식을 취하는 공간으로 세팅해 놨기에 일하는 데 집중이 되지 않았고 어떻게 휴식을 취해야 할지 감을 잡을 수 없었다. 결국 불안과 우울감이 몰려오기 시작했고 집에서 일을 하지 않는다는 규칙을 깨고 다시 컴퓨터를 켜게 되었다. 그렇게 다시 광인처럼 일하면서 처음으로 일을 사랑하는 게 아닌 일중독에 빠진 나 자신을 발견하게 되었다. 잘못된 걸 느끼고 나서부터 간단한 산책과 농구, 독서 등 일이 아닌 다른 데에서 소소한 성취를 느끼며 일상의 환기를 주기 시작했다.

내가 겪은 일중독은 정확히 말하면 〈과잉적응 증후군〉이라고 한다. 쉽게는 일중독 또는 워커홀릭이라 부르는데, 일Work와 알코

올 의존자Alcoholic의 합성어로 일에 과하게 집착한 탓에 밤낮, 휴일 가리지 않고 일에 몰두하는 사람을 지칭한다. 이들은 업무 욕구에 시달려 평균 이상의 에너지와 시간을 투자하고 인간관계, 건강까지 잃기도 한다.

스트레스와 우울증, 불안, 초조 등의 증세가 나타나는 일중독에 빠지는 원인은 무엇일까? 여러 원인이 있으나 스스로에게 심각한 결함이 있다고 인식해 극복할 수 있는 수단이 오직 일이라고 생각하는 게 가장 크다. 무조건 잘해야 한다는 압박감에 시달리며 능력 계발에 심각하게 집착한다. 또 성과를 통해 존재를 인정받으려 하고 타인의 인정을 받기 위해 집착을 습관적으로 반복하게 됨으로써 영혼을 불태우며 일을 하려 한다.

많은 사례가 그렇지만 일중독 또한 본인 스스로 바뀌고자 하는 의지가 가장 중요하다. 주변 사람들에게 자신의 상황을 공유함으로써 심리적 위안과 도움을 받는 것이 가장 좋은 방법이다. 또한 개인 생활의 확보를 위해 일과 휴식의 균형을 찾는 데 관심을 기울일 필요가 있다. 강한 집념도 좋지만, 도를 넘으면 정신적으로 자유롭지 못하다.

나는 과연 어떤 상태일까? 브라이언 로빈슨Bryan E. Robinson이 저

술한 '책상에 묶인 마음 10가지'를 통해 일중독 테스트를 해 보길 추천한다.

〈책상에 묶인 마음 10가지〉
1. 항상 서두르며 매일 바쁘다.
2. 과도하게 계획하고 과도하게 조직한다.
3. 어느 것에도 만족하지 못하고 완벽하다고 느끼지 않는다
4. 일 때문에 인간관계가 어긋나곤 한다.
5. 요란법석을 떨며 일한다.
6. 끊임없이 일하고 불평을 자주한다.
7. 일에서 황홀경을 경험한다.
8. 참을성이 없고 자주 화를 낸다.
9. 일로만 자신의 가치를 증명할 수 있다고 생각한다.
10. 자신을 돌볼 시간이 없다.

* 6가지 이상이라면 일중독을 의심해 볼 수 있다.

자기 자신을 돌보지 않고 무리하는 행동은 장기적으로 더 큰 손실을 초래할 뿐이다. 인생은 한 번뿐이며, 진정한 성공은 일이 아니라, 가족, 친구, 그리고 자신의 행복 속에서 찾을 수 있다. 평생 일만하다 땅을 치고 후회하는 사람이 많다. 살다 보니 일보다 더 소중한 게 있다는 것을 깨우치기 때문이다. 먹고 사는 것도 중

요하지만 가끔은 벤치에 앉아 하늘을 보며 쉼을 가지자. 사랑하는 사람과 저녁을 먹고 주변 사람에게 안부를 묻는 것도 좋겠다. 뜨거운 일상에서 벗어나 고요함을 느끼다 보면 어느새 부식됐던 몸과 마음이 원래대로 돌아오는 것을 느낄 수 있을 것이다.

"우리는 바쁘게 살아가면서도
진정으로 중요한 것들을 잊고 살아가기 쉽다.
그러니 때때로 멈추고, 숨을 고르며,
내 마음을 돌보는 시간을 가져야 한다."

마야 안젤루 Maya Angelou

괴물과 싸울 때,
당신이 괴물이 되지 않도록 주의하라
일반화의 오류

"인생 최악의 순간은 언제인가요?"라고 누군가 물어본다면 나는 서슴없이 한 순간을 떠올린다. 7년 전, 어머니의 소개로 들어간 직장에서 나는 무수한 일을 겪었고 죽고 싶을 정도로 힘들다는 말이 나올 정도로 출근이 힘들었다. 학교 교장선생님이었던 내 상사는 목사님이었지만 탈세에 학교 돈 횡령에, 여직원 성추행까지 하는 윤리적으로 어긋난 사람이었다. 아무리 취업이 좋다지만 도저히 도덕적으로 견딜 수 없는 직장 생활이었기에 나는 과감히 퇴사를 결정했다.

퇴사 이후 옳은 결정을 내린 거라며 스스로를 위로했고 이내 마음의 평화를 회복하기 시작했다. 하지만 시간이 흘러 새로운 직장에서 아직 후유증이 내 안에 남아 있음을 확인하게 되었다. 너무 힘들었던 전 직장에서의 경험이 상사에 대한 '인식 왜곡'을 일으킨 것이다. 다시 말해, 최악의 상사와 일했던 경험이 상사를 바라보는 전반적인 인식에 영향을 미쳐 쉽게 믿고 따를 수 없도록 나의 내면을 바꿔 버렸다. 나를 굉장히 아껴 주고 챙겨 주는 상사를 만나도 "결국 이 사람도 똑같을 거야"라는 내면의 소리 때문에 좋은 사람을 계속 내 편으로 만들지 못하고 말았다.

앞서 소개한 필자의 상태처럼 한 가지 경험을 바탕으로 다른 상황이나 사람에 대해 부정적인 인식을 확장하는 현상을 〈일반화의 오류〉라고 부른다. 이는 특정 사건이나 경험을 근거로 모든 상황에 동일하게 적용하는 심리적 현상을 의미한다. 예를 들어, 첫 상사에 대한 부정적인 인식이 이후의 상사들에게도 동일하게 적용되는 경우가 이에 해당한다. 이러한 오류는 새로운 관계나 상황에 대한 객관적인 판단을 방해할 수 있다.

프리드리히 니체Friedrich Nietzsche는 "당신이 괴물과 싸울 때, 당신이 괴물이 되지 않도록 주의하라."[2]라는 말을 남겼는데 정말 공감이 가지 않을 수 없다. 인간은 사회적 동물로 영향을 주고받지만 애석하게도 '영향'은 눈에 보이지 않는다. 영향력은 가랑비에 옷 젖듯이 서서히 물들어가며 관계를 기반으로 형성되기에 쉽게 소홀해지고 통제도 어렵다. 어느 누가 부정적인 영향을 미친다고 말하며 가장 가까운 친구를 한순간에 절교하겠는가.

---

[2] "He who fights with monsters should look to it that he himself does not become a monster"

부정적인 영향은 서서히 중독되어 결국 죽음에 이르게 하는 독과 같다. 따라서 편견, 선입견, 생각의 오류 등 나를 죽이는 부정적인 영향력을 감지해야 한다. 즉 '영향력 레이더'가 필요한 것이다. 마음을 정원에 비유해 보자. 앞서 필자가 겪었던 상황은 마치 '빨간 머리의 사람이 내 정원에 쓰레기를 버렸으므로 빨간 머리를 가진 사람은 무조건 쓰레기를 버릴 거야'라는 생각과 같다. 이 생각이 옳은가? 아니다, 틀렸다. 나는 빨간 머리의 사람이 던진 그 쓰레기 자체를 치울 생각을 하지 않은 채 정원에 덩그러니 놓인 쓰레기를 보며 '빨간 머리만 막으면 돼… 빨간 머리만 막으면 돼…'를 되뇌었을 뿐이다. 정답은 무엇인가. 빨간 머리의 사람을 경계하는 태도가 해답이 아니라 쓰레기 청소가 해답이다.

"당신의 마음 정원은 안녕하신가요?"

요즘도 잠들기 전 5분씩 마음 정원에 들어가 부정적인 생각 쓰레기가 있진 않은지 확인한다. 누군가는 이것을 명상이라 하고 누군가는 마음공부라 말하지만 나는 그저 '청소'라 부른다. 방을 정리하듯 마음을 정리하고 청소한다. 마음 정원에 발을 들여놓으면 다양한 쓰레기들이 놓여 있다.

과거의 지난 후회, 미래에 대한 불안, 부정적인 경험의 산물, 타인을 향한 원망, 스스로를 사랑하지 않음, 자기 비하, 비교 의식 등 수많은 쓰레기를 발견한다. 그렇게 매일 밤 쓰레기를 하나씩 청소하며 이 아름다운 정원의 본래 모습을 떠올린다. 그러다 문득 깨닫는다. 이 정원은 원래부터 아름다웠고, 쓰레기는 그저 일시적인 방해물일 뿐이었다는 사실을. 우리가 때때로 겪는 감정의 쓰레기들은 살아가는 과정에서 피할 수 없지만, 그것들이 내면의 본질까진 바꿀 순 없다. 정원은 언제나 그 자리에서 조용한 아름다움을 유지하고 있으며, 단지 그 안에 놓인 불필요한 것들을 치워주기만 하면 다시 본래의 빛을 되찾을 뿐이다.

매일 밤 청소를 할 때마다 나는 조금씩 더 가벼워진다. 한때 짐처럼 느껴졌던 쓰레기들이 사라질수록 정원의 나무들이 더 푸르게 자라고, 꽃들이 더 화사하게 피어남을 느낀다. 이 과정에서 중요한 것은 완벽하게 청소된 상태를 만드는 것이 아니라, 매일 조금씩이라도 꾸준히 정원을 돌보는 것이다. 그렇게 마음 정원을 깨끗하게 가꿔나가는 습관이 쌓이면, 더 이상 쓰레기가 쌓이는 것이 두렵지 않게 된다. 나 자신을 위한 작은 노력이 내면의 평온을 유지하고, 삶의 중심을 잡아 주기 때문이다.

스스로를 깊이 이해하는 것은 세상에 존재하는 가장 큰 지혜라는 말이 있다. 오늘부터 방 정리 전문가가 되어 왜곡되지 않은 견고한 마음의 성벽을 쌓아 보면 어떨까. 오늘도 여전히 나에게 부정적인 말을 하는 사람이 있을 것이고 부정적인 행동을 통해 마음을 더럽히려는 사람이 있을 것이다. 그러나 동요하지 말자. 그들의 말은 나의 생각과 마음을 왜곡시킬 수 없고 그들은 나에게 아무런 영향을 미칠 수 없다. 마음 정원이 가진 본래 아름다움을 회복하는 날 당신은 그 누구보다 깊고 충만한 행복감을 느낄 수 있을 것이다.

"네 믿음은 네 생각이 된다.
　네 생각은 네 말이 된다.
　네 말은 네 행동이 된다.
　네 행동은 네 습관이 된다.
　네 습관은 네 가치가 된다.
　네 가치는 네 운명이 된다."

마하트마 간디 Mahatma Gandhi

고통을 선택할 수 있는 사람만 성공을 경험한다
파노플리 증후군

 사람이 고통받는 이유는 '간극'에 있다. 현재 모습과 되고 싶은 모습 사이에서 인간은 고뇌하고 번민한다. 아이러니하지만, 성공학에서도 비슷한 내용을 쉽게 발견할 수 있다. 성공학의 핵심은 현재 모습과 되고 싶은 모습 사이의 간극을 어떻게 효과적으로 줄일지를 연구하는 데 있다. 가령 사랑하는 연인과 다툰 사람은 하루라도 빨리 서로를 아끼는 관계로 돌아가고 싶어 하고, 월급이 만족스럽지 않은 사람은 높은 급여를 받는 단계로 성장하고 싶어 한다. 우리는 이 '간극'을 해소하고 좁히는 데에 많은 시간과 에너지를 사용하고 있다.

 그렇다면 간극의 원천은 무엇인가? 그것은 바로 욕망이다. 강렬히 바라는 무언가가 있기에 우리는 그 욕망의 크기와 거리감만큼 간극을 느낀다. 다시 말해, 자신에게 엄격하며 높은 기준을 가지는 사람은 그만큼 메워야 하는 커다란 틈새를 소유한다는 뜻이다. 여기에 비교하는 습관과 경쟁 문화까지 가세하면 심리적 압박이 본격적으로 중첩된다.

다시 말하지만, 인간은 '간극'에서 고통받는다. 이것을 인정하면 모든 문제를 해결할 수 있는 본질적인 질문을 꺼낼 수 있다.

'당신은 어떤 고통을 선택할 것인가?'

고통은 크게 후회의 고통과 성장의 고통으로 구별된다. 틈을 메우기 위해 스스로 변화의 길로 걸어 들어가는 일은 성장의 고통이다. 실패한 과거를 돌아보며 통찰력을 키우는 사람은 모든 상황이 성장의 발판이 되어 드라마틱한 변화를 경험할 수 있다. 문제는 그저 고통만 수반하는 고통이다. 힘듦과 어려움, 시련과 장애물로 인해 고통이 증가할수록 우리는 압박을 더욱 크게 느끼는 상태에 들어가게 된다. 스토아 철학자 세네카의 말처럼 현실보다 상상에서 더욱 큰 고통을 받게 되는 것이다. 이때 사람들은 간극으로 생겨난 고통을 단축하기 위해 편법을 사용한다.

1980년대 프랑스 철학자 장 보드리야르가 제시한 개념인 〈파노플리 증후군〉은 특정 제품을 소비하면서 같은 제품을 소비하는 소비자와 자신을 동일한 집단이라고 생각하는 환상을 말한다. 파노플리의 어원은 프랑스어로 '한 쌍'을 의미하는데 갑옷과 투구를 한 쌍으로 부르는 의미에서 출발했으나 현재는 소비 지향적인 사회에서 특정 집단과의 결속을 과시하기 위해 소비하는 특정 상품, 특히 명품쇼핑 리스트를 일컫는 말로 쓰이기도 한다. 명품을 구매하고 들고 다니면 그런 명품을 들고 다니는 사람과 자신을 동등하다고 생각하는 것이다. 이 욕망이 그토록 잘못된 것일까? 아니다. 전혀 그렇지 않다. 충분히 바랄 수 있고 그래도 괜찮다.

우리 주변에서도 쉽게 비슷한 사례를 발견할 수 있다. 잘사는 친구의 집과 차가 부러워 형편이 맞지 않아도 무리해서 외제차를 사거나 영끌을 해서 일정한 사회적 기준에 내 인생을 끼워 맞추는 경우다. 그들에게는 카푸어, 영끌족이라는 라벨이 따라다닌다. 물론 그들의 선택을 함부로 재단할 순 없다. 실제로 좋은 차량이 더욱 높은 세일즈 성과를 가져올 수도 있고, 영끌족의 과감한 선택이 큰 투자 성과로 돌아올 수도 있기 때문이다.

문제는 간극을 메우는 방법에 있다. 마땅히 지나가야 하는 성장의 고통을 외면한 채 현실에서 감당키 어려운 상품을 구매하여 치장함으로써 일시적으로 간극을 메웠다고 착각하는 것이다. 명품을 들고 있던 낮이 지나고 밤이 찾아오면 다시 어둑한 저녁에 홀로 방에 앉아 현실의 나로 돌아와야 한다. 환상의 효과가 어느 정도는 지속될지언정 그것을 안정이라 말할 수 없다. 뼈아프지만 사실이다.

'당신은 어떤 길을 통해 바라는 삶에 도달하고 싶은가?'

원래 인생은 괴롭다. 하지만 그렇다고 해서 '절대' 타인에게 내 선택권을 넘겨주면 안 된다. 잘못된 선택도 내가 한 선택이 되어야 한다. 벌어진 상처를 다시 건드려도 결국 그것 또한 나의 결정이다. 나 자신에게 먼저 솔직해지자. 우리에게 정말 필요한 건 타인과 사회가 제시한 기준에 맞추려는 성급한 마음이 아니라 쪽팔리지 않게 살기 위한 당당함이 아닐까? 명품을 산다고 당신이 명품이 되는 것은 아니다. 현재의 삶과 되고 싶은 삶의 괴리를 줄이는 방법은 스스로 고통과 인내를 선택하여 목표를 향해 조금씩 나아가는 것뿐. 소비로 모든 게 해결된다면 공허함에 삶의 의미를 잃어버릴지도 모른다.

"20년 후 당신은,

했던 일보다 하지 않았던 일로 인해 더 실망할 것이다.

그러므로 돛줄을 던져라.

안전한 항구를 떠나 항해하라.

당신의 돛에 무역풍을 가득 담아라.

탐험하라!

꿈꾸라!

발견하라!"

마크 트웨인 Mark Twain

감정과 표정을 숨기는 사람들
스마일 마스크 증후군

"웃는 얼굴에 침 못 뱉지."

사회생활에서 미소는 가장 중요한 덕목 중에 하나다. 특히, 대중 앞에 나서는 연예인에게는 더욱 각별하다고 할 수 있다. 2022년 10월 〈오은영의 금쪽상담소〉에 모 아이돌 그룹 멤버가 자신의 고민을 털어놓은 장면이 방영됐다. 평소 스트레스를 받으면 매운 음식을 폭식하는 습관이 있던 그녀는 숨이 쉬지 않을 정도로 꾸역꾸역 먹은 후 토하고, 위염으로 응급실에 실려 간 적도 있다고 했다.

"이러면 안 되는 걸 알지만, 20분의 행복을 사기 위해서 먹어요."

가슴을 파고드는 말이었다. 밥을 먹는 시간 단 20분. 그녀는 그 시간으로 행복을 찾고 있던 것이다. 대중은 그녀가 고작 20분의 행복을 누리기 위해 응급실을 가야 할 만큼 폭식하는 사람이라는 사실에 적지 않게 놀라했다. 언제 어디서나 사람들에게 밝은 미소만 보여주는 그녀의 삶이 모순적이었기 때문이다. 공식

스케줄 외 사생활에서까지 표정에 신경 써야 하는 연예인의 스트레스는 이루 말할 수 없을 것이다.

〈스마일 마스크 증후군〉은 말 그대로 본심과 달리 다른 사람 앞에서 항상 웃는 모습을 보여주는 증후군을 말하며, '가면성 우울증'으로도 알려져 있다. 주로 감정 노동이 심각한 서비스업 노동자들이나 인기에 압박감이 강한 연예인, 많은 고객을 대면하는 영업사원 등의 직업군에서 자주 발생한다. 주로 업무와 관계성을 위해 웃음과 친절이 강요되는 환경에서 유발되기 쉬운 증후군이다.

이미지가 중요한 사회에서 우리는 타인에게 긍정적인 이미지를 보여야 하고 어떤 상황에서도 친절해야 한다는 강박관념에 빠져 살곤 한다. 이는 단순히 공인들만의 전유물이 아닌 거의 모든 사람이 느끼는 강박과 압박의 결과물이다. 겉으론 웃고 있지만 속으론 우울과 슬픔을 느끼고 있는 것이다.

웃음은 개인의 건강뿐만 아니라 분위기 조성에 긍정적 요인으로 작용한다. 하지만 실제 느끼는 감정과 다른 강제된 인공 웃음은 내적 환경과 외적 환경의 간극을 만들고 충돌을 일으켜 부정적인 결과를 만들어 낸다. 서양 철학가 쇼펜하우어는 폭소를 '생동적인 직관과 인식하는 지성 사이의 각축'에서 찾았고, 프로이트는 웃음을 '긴장의 배설에 따른 쾌감'에 주목했다. 즉, 웃음은 대상의 우스꽝스러운 모습을 보거나 우월한 위치에서 상대의 일반적이지 않은 행동을 보았을 때 나오는 자연스러운 반응이며, 편안한 분위기에서 나오는 자연스러운 반응이다. 이러한 정의를 따른다면 강제로 웃는 사람의 웃음은 도리어 슬픔과 비견되는 아픈 웃음이라고 말할 수 있지 않을까.

'스마일 마스크 증후군'은 축적된 화나 분노와 같은 감정이 표출되지 못한 채 속으로만 억눌러진 결과다. 잘 보여야 한다는 스트레스가 악화될수록 우울증 증세는 더욱 심해지고 대인기피증까지 이어진다. 식욕과 성욕, 수면욕이 떨어지고 두통이나 복통 등 다양한 병적 증상을 동반하기도 한다. 무엇보다 후회, 절망감, 자책감에 시달려 인생의 재미를 발견하지 못하는 상태에 빠질 가능성이 매우 높다.

스마일 마스크 증후군을 예방하려면, 무엇보다도 자신의 감정을 솔직하게 인정하고 표현하는 용기가 필요하다. 자신의 감정을 억누르지 않고 드러낼 때, 우리는 비로소 내면의 평화에 다다를 수 있다. 그것이 어렵다면 짧게 글을 쓰거나 크게 노래를 부르고 슬픈 영화를 보며 눈물을 흘려도 된다. 아리스토텔레스가 강조한

중용中庸의 철학처럼, 지나치지도 모자라지도 않은 균형 잡힌 감정적인 표현이 필요하다. 정신이 평온한 영역에서 나오는 자연스러운 미소가 진정으로 당신에게 필요한 웃음이라는 점을 기억하기를 바란다.

웃어라. 진정으로 웃을 때 당신은 가장 아름답다.
울어라. 슬퍼서 우는 일만큼 위로가 되는 게 없다.

"때때로 우리는 내면의 감정을 숨기고
외면에서는 강한 척하지만,
진정한 힘은 자신의 감정을 솔직하게 드러내는 데서
나온다는 것을 잊지 말아야 한다."

브레네 브라운Brene Brown

좋은 사람만 걸리는 증후군
착한아이 증후군

어린 시절 옆집에 바른 친구가 살았다. 그 친구의 트레이드마크 중 하나는 철저한 인사성이었는데, 동네 어른을 보면 항상 예의 바르게 인사를 해서 모두 그 친구를 '바르고 착한 아이'라고 불렀다. 뒤따르는 수식어가 '집은 참 가난하지만'이었지만 말이다. 실제로 그 친구의 집은 찢어지게 가난했고 부모님도 자주 싸워 집에서 싸우는 소리가 다 들릴 정도였다. 하지만 다음 날이면 그 친구는 아무 일도 없다는 듯 활짝 웃으며 동네 어른들에게 인사를 했다. 성인이 된 후, 그 친구를 다시 만날 기회가 있었다. 오랜만에 만나 한참 대화를 나누던 도중 나는 친구가 지금도 열심히 인사를 하고 다니는지 궁금해 물어봤다. 그러자 친구는 조용히 고개를 가로저으며 말했다.

"꽤 오랜 시간 동안 그게 날 망쳐오고 있는지 모르고 있었어. 어느 순간부터 주변 사람들이 말하는 이미지에 갇혀버린 거야. 그게 내가 아닌데도 계속 그렇게 행동하는 게 괴로웠어."

친구의 말은 꽤 충격적이었고, 나는 친구와 헤어지고 나서도 한참 동안 그 말을 곱씹었다. '타인에게 비치는 모습에 갇혀 버릴 수 있다.' 그제야 친구가 그렇게 살 수밖에 없었던 이유를 알 수 있었다. 착해 보여야만 했던 친구는 그때 어떤 마음으로 미소를 지었을까?

좋은 사람이라 불리는 사람만 걸리는 증후군이 있다. 지금 이야기하게 될 〈착한 사람 증후군Nice Guy Syndrome〉이다. 이 증후군을 가진 사람은 타인에게 착하다는 어필을 하기 위해 애쓰며 자신의 마음이 병들어도 타인에게 비치는 이미지를 지나치게 신경 쓰는 경향이 있다. 이들은 자신의 한계를 무시하고 너무 많은 걸 배려하려 한다. 스트레스와 과중한 책임을 안게 된다는 사실을 알면서도 기꺼이 희생한다. 어찌 보면 지나친 자기희생 정신이 자신을 망가뜨리는 셈이다. 타인의 행복을 우선시하면 얼핏 성자聖者와 다를 바 없이 의롭게 보이지만, 자신의 욕구를 억압하고 죽인다는 점에서 궁극적으로는 자신을 학대하는 일에 가깝다.

무엇보다 자신의 감정과 기분을 숨기고 억누르게 되면 극한의 스트레스가 돌아온다는 점을 기억할 필요가 있다. 보통 이 증후군은 어릴 적 성장 환경에서 만들어지는 경향이 많은데, 부모가 권위적으로 아이에게 '너는 반드시 착하게 커야만 한다'라고 종용하며 감정을 배출하는 법을 가르치지 않을 때 일어난다. 자신의 불편함을 표현하는 행위는 결코 잘못된 행동이 아니다. 아플 땐 아프다고 서럽게 울어보기도 하고, 화가 날 땐 실컷 화내기도 하며, 타인과 교류하는 법을 배워야 자신의 감정을 돌아보고, 잘못된 것을 바로잡을 수 있다. 상대에게 피해를 끼쳤다면 사과를 하면서 조금씩 감정을 다듬어 가면 된다. 그것이 건강한 어른으로서 사회화가 되어가는 과정이다.

철학자 장 자크 루소는 자연 상태에서 인간은 본래 선하다고 말하며, 문명이 인간을 타락시킨다고 주장했다. 매우 공감한다. 다시 말해, 사회가 우리에게 투영하는 기대와 규범이 본연의 모습을 억압하고 있다는 뜻이다. 사회의 기대와 요구에 맞춰 나를 깎아내리는 것이 아니라, 진정한 내 모습과 감정을 있는 그대로 받아들이면서 타인을 존중하는 태도가 진정한 의미의 선함이다. 자신의 감정을 솔직히 표현하고, 타인과의 관계 속에서 상호 존중과 이해를 바탕으로 건강한 이미지를 만들어라. 단순히 타인의 기대에 부응하기 위해 희생하는 거라면 망가지는 건 시간문제일 것이다.

혹시 타인을 향한 과도한 배려로 인해 나를 잃어버린 경험이 있다면 이제 '착한 아이'가 되어야 한다는 강박에서 벗어나자. 착한 것도 도가 지나치면 약점이 된다. 자신에게 솔직하고, 속에 있는 감정을 인정하며 그것을 표현하는 용기를 되찾는 게 무례한 이기심처럼 생각될 수도 있겠지만 그것이 진짜 배려임을 알게 되면 비로소 좋은 사람의 의미를 깨달을 수 있을 것이다.

"타인의 기대를 충족시키기 위해
스스로를 억누르는 것은 자기 파괴의 길이다.
자신에게 솔직하고, 그 모습을 사랑하는 것이야말로
진정한 행복으로 가는 길이다."

에크하르트 톨레 Eckhart Tolle

다르다고 틀린 것이 아니다
아스퍼거 증후군

'태어나 처음으로 인생이 힘들다고 느낀 적은 언제인가요?'

누군가 내게 묻는다면 나는 망설임 없이 고등학교 3학년 시절을 고를 것이다. 고등학교 2학년 때부터 왕따와 괴롭힘을 당했던 나는 괴롭히는 아이와 3학년이 되어서도 같은 반에 배정됐다. 그때 직감했다. 고등학교 마지막 1년이 정말 힘든 한 해가 될 것임을. 반신반의하는 마음으로 부모님께 전학을 가고 싶다고 말했다. 이 또한 받아들여지지 않았다. 나는 자포자기 한 채 그 친구와 1년을 함께 보내게 되었다. 하지만 최악의 시간을 예상했던 나의 추측을 뒤집고 가장 힘든 3학년을 보낸 건 내가 아닌 내 옆에 있던 친구였다.

당시 가장 많이 괴롭힘을 당했던 친구는 학기가 시작할 무렵 자신이 아스퍼거 증후군을 가지고 있음을 알렸다. 증후군이라는 단어가 병처럼 들릴지 모르겠지만, 아스퍼거 증후군은 다른 증후군과 달리 신경 발달 장애로 인해 사회적 상호작용과 의사소통에 어려움을 겪는 것을 의미한다. 다른 사람보다 사회성이 조금 부족할 뿐인데 그 약점을 이용해 친구를 괴롭힌 것이다.

아스퍼거 증후군은 1940년 오스트리아의 소아과 의사 한스 아스페르거에 의해 처음으로 정의되었다. 그는 이 증후군을 가진 사람을 '작은 교수'라 불렀다고 전해지는데, 이 별명이 너무 잘 어울리는 이유는 아스퍼거 증후군을 가진 사람은 매우 논리적이고 자신의 관심사에 깊은 이해력을 가지고 있기 때문이다. 현재도 컴퓨터 공학, 과학, 예술 등 다양한 분야에서 놀라운 성취를 이루는 경우가 많다. 아스퍼거 증후군의 가장 대표적인 인물은 테슬라의 대표 일론 머스크다. 세계 부자 1위로 랭크되기도 했었던 그는 여전히 많은 사람들에게 존경받으며, 엄청난 열정과 꿈을 바탕으로 세상에 커다란 변화를 만들어 내고 있다.

부끄러운 말이지만 고등학교 3학년 시절 나는 아스퍼거 증후군에 대해 깊이 이해하지 못했다. 그렇다고 그 친구에게 불쾌한 행동을 하진 않았지만 나도 인지하지 못하는 사이 미세한 색안경을 쓰고 그 친구를 바라보지 않았나 스스로를 돌아보게 된다. 우리는 '다름'을 어떻게 받아들이고 있을까. 사실 아스퍼거 같은 증상에 비포용적 현상은 우리 사회 곳곳에서 일어나고 있다. 그리고 이를 '다름'이라 말하기보다 '틀림'이라 말하는 사람들이 정말 많다.

'당신은 다름을 어떻게 정의하고 있는가?'

다름이란 불편함이라는 겉모습을 띄고 있으나 내게 없는 것을 배우고 습득할 수 있는 절호의 기회가 담겨있다. 이는 새로운 시각을 갖게 하고, 더욱 풍부한 경험을 제공하며, 궁극적으로는 자신의 성장 속도를 높여 주는 중요한 요소이다. 다름을 포용하는 것은 결코 쉽지 않다. 익숙하지 않은 것, 낯선 것, 우리와 다른 방식으로 생각하고 행동하는 사람들과 마주할 때 자연스럽게 경계심과 두려움을 느끼기 때문이다. 하지만 이런 두려움은 우리가 잘못된 정보나 편견에 의해 형성된 경우가 많다. 다름을 이해하고 받아들이려는 노력은 차이에 대한 두려움을 극복하고, 더 나은 사회를 만들어 가는 첫걸음이 된다.

"우리는 화성에 갈 겁니다."

일론 머스크의 이 말은 얼마나 우리와 다른가? 마치 미래를 보고 온 사람처럼 너무나 다른 생각을 온 세계에 피력한다. 하지만 그 다름이 틀림이 되었을까? 아니다. 전혀 아니다. 도리어 이토록 과도한 생각의 '다름' 앞에서 우리는 큰 꿈을 꾸지 않은 나를 돌아본다.

다름은 틀림이 아니다. 오히려 나와 사회를 발전시키는 중요한 원동력이다. 자신의 기준과 다르다는 이유만으로 타인을 평가하고, 그들을 배제하려는 경향을 버리자. 일상에서 다름을 포용하는 연습을 해 보자. 나와 비슷한 사람이랑만 어울리지 말자. 다양한 배경을 가진 사람들과 대화하고, 그들의 이야기를 경청하며, 그들의 경험과 관점을 존중해 보자. 이러한 작은 다름에 귀 기울이면 기울일수록 당신만의 신념이 더욱 굳건해지는 경험을 할 수 있을 것이다.

"우리가 다름을 인정할 때,
우리는 서로에게서 배울 수 있는 기회를 얻게 된다.
그것이 진정한 성장의 시작이다."

넬슨 만델라 Nelson Mandela

세상은 자극적인 콘텐츠에 중독되고 있다
잔혹한 세계 증후군

   수개월 전 한 영상을 보고 크게 분노한 적이 있다. 살아 있는 푸들을 땅에 생매장한 남자의 이야기를 담은 콘텐츠였다. 글을 읽으며 경악을 금치 못했고, 인류애가 사라지는 감정을 느꼈다. 이후로 해당 콘텐츠를 제작한 계정의 콘텐츠를 몇 개 더 보게 되었는데, 알고 보니 그 계정은 자극적인 이야기로 사람들의 이목을 끄는 채널이었다. 처음 콘텐츠를 찾아 스크롤 내려 보니 좋아요가 2,500개가 넘게 눌려 있었다. 적어도 십만 명 이상의 사람들이 이 콘텐츠를 봤다는 뜻이다. 그외 다른 콘텐츠들도 수많은 좋아요가 찍혀 있었다.

   한동안 자극적인 콘텐츠를 소비했었다. 매일 저녁 핸드폰 화면을 끄고 나면 꽤 오랜 시간 부정적인 생각과 감정의 잔재에 시달렸다. 그렇게 정신은 서서히 자극적이고 부정적인 콘텐츠에 잠식당하고 있었다. 일례로 주인과 산책하는 푸들을 보면 생매장에 대한 그 콘텐츠를 떠올렸고 불편한 감정으로 몇 시간을 보내야 했다. 내가 자극적 콘텐츠에 빠져들수록, 내 사고방식은 현실과 미디어 속 잔혹한 세계가 구분되지 않는 지점에 다다르고 있었다. 이렇게 미디어에 노출되는 폭력적이고 부정적인 세계관을 실제 세계와 연결 짓게 되는 현상을 〈잔혹한 세계 증후군〉이라고 한다. 소셜 미디어의 무분별한 남용은 이 증후군을 가속화하고 있다.

하루 몇 시간씩 소비하는 소셜미디어는 소위 말해, 우리의 사정을 봐주면서 중독성을 스스로 조절하지 않는다. 소셜미디어는 유저의 선호도를 바탕으로 끝없는 콘텐츠의 늪으로 우릴 데려갈 뿐이다. 심지어 알고리즘을 오래 길들이면 단순히 선호의 정도를 뛰어넘어, 유저의 감정적 반응을 측정하여 더 강한 자극을 유발할 수 있는 콘텐츠를 지속적으로 추천한다. 즉, 우리가 감정적으로 더 크게 반응할수록, 더 자극적인 콘텐츠가 계속해서 등장하게 된다는 거다. 이런 반복은 현실 인식에 부정적인 영향을 끼쳐 세상을 더 잔혹하고 위협적인 곳으로 인식하게끔 한다.

몇몇 사람들은 이에 동의하지 않는 듯 보인다. 그들은 콘텐츠 소비에 대해 스스로 통제할 수 있다고 무의식중에 믿으며 자신은 무분별한 소비자가 아니라고 생각한다. 하지만 정말 소셜 미디어의 영향력에서 벗어날 수 있을까? 이것이 실제로 가능한 걸까?

소셜미디어의 폐해를 다룬 유명한 다큐멘터리인 〈소셜딜레마〉에는 페이스북의 임원이었으며 또한 핀터레스트Pinterest 플랫폼의 회장을 맡았던 팀 켄달Tim Kendall의 인터뷰가 나온다.

"집에 가서도 손에서 스마트 폰을 놓을 수가 없는 거예요. 아 이러니했어요. 제가 낮에 출근해서 만든 그 상품에 저 스스로가 먹히고 있었으니까요. 흥미로운 사실은 결국 어떤 결과가 생길지 알고 있었음에도 스스로를 전혀 통제할 수 없었습니다."

매일 소비하는 콘텐츠는 이처럼 우리 인생의 통제력을 중독으로 바꾸어 통제력을 상실하게 만들고 콘텐츠의 영향력에 무감각해지도록 만든다. 머리로 미디어 속 세계와 현실 세계가 구분되어 있다는 사실을 알면서도 여전히 미디어 속 세계를 우린 사실로 받아들이며 부정적인 세계관을 구축하고 있다. 이 글을 읽는 우리는 모두 잠시 생각해 봐야 한다.

"내가 지금 가진 신념과 가치는 내가 세운 것인가 누군가에 의해 주입된 것인가?"

혹시 삶에서 중요하게 생각하는 가치와 신념이 잘 생각나지 않는다면 미디어 중독을 한번 체크해 볼 필요가 있다. SNS가 아니더라도 우린 끊임없는 마케팅 광고 메시지나 불행한 뉴스 기사에 시달리며 살아가고 있다. 애석하지만 그것은 오래전부터 우리의 일상이 됐다. 나만의 뚜렷한 관점이 결여된 미디어 소비는 우리를 무방비로 외부에 노출하게 했고 알지도 못하는 누군가의 생각을 아무런 필터 없이 그대로 흡수해 온 것이다.

미디어와 현실을 정확히 구분해 낼 수 있는 주체적인 미디어 소비가 해답이다. 나만의 필터를 통해 정보를 습득하고 나의 관점과 더불어 세상을 해석하는 습관을 들여야 한다. 타인의 의견은 나의 의견이 아니다. 나의 의견이 있을 때 우리는 대립 없이 동의할 수 있다. 아무 생각 없이 살아가겠다는 생각이야말로 삶에 대한 무책임한 태도니, 자극적인 콘텐츠에 얽매인 사슬을 끊고 신념과 가치에 충실한 삶을 만들어가길 바란다.

사람은 생각하는 대로 살게 된다
귀인歸因이론

"테레비에서 보니까 그 프랑스 백수 애들은 일자리 달라고 때려 부수고 개지랄 떨던데 우리나라 백수 애들은 지 탓인 줄 알아요. 지가 못나서 그런 줄 알고."

김광식 감독의 영화 〈내 깡패 같은 애인〉은 제목이 주는 자극성보다 그 안에 담고 있는 시대적 의의가 상당히 인상 깊은 영화다. 서로 옆집에 사는 지방대 출신 취준생 여자와, 내일 같은 건 안중에도 없는 깡패 남자. 너무나도 다른 두 사람은 어느 날 분식점에서 만나게 된다. 면접에서 온갖 모욕을 당하고 온 후 눈물을 흘리는 여자에게 남자가 던진 이 한마디에는 시대적 핵심을 찌르는 메시지가 담겨있었다.

나도 그랬다. 이전까진 내가 못난 탓이라며 모든 화살을 나에게로 돌리기 바빴다. 마냥 세상을 탓하기에는 같은 상황에서도 잘되는 사람이 존재했기 때문이다. 모든 것엔 항상 양면성이 존재하기에 진실을 알기까지 꽤 오랜 시간을 보내야만 했다. 물론 경험이 쌓이지 않고는 모를 일이었지만, 한 유튜버가 밀던 "살아

남았다는 건, 강하다는 증거"란 말처럼 나 또한 경쟁에서 생존하고 나서야 비로소 모든 것엔 양면성이 존재한다는 사실 깨닫게 되었다. 나의 문제와 외부적 요인을 적절히 살펴봐야 진정으로 바른 해결책을 찾아낼 수 있다. 귀인 이론은 바로 이 지점에서 가장 완벽한 설명의 도구가 되어준다.

귀인 이론의 귀인歸因은 '결과의 원인을 한 곳에 귀속시킨다'라는 뜻이 담겨 있다. 우울한 사람은 실패를 경험했을 때 상황적인 요인에서 원인을 찾기보다는 자신에게 문제의 원인을 찾는다. 이것이 귀인 이론에서 말하는 오류 현상이다. 귀인이론은 그 선택을 통해 얻게 되는 결과, 즉 성공이나 실패를 어떻게 해석하느냐에 따라 삶의 방향이 달라질 수 있다고 말한다. 만약 실패를 경험했을 때 내 부족함 때문이라고 믿을 것인가, 아니면 외부적 요인을 탓할 것인가. 결과를 어떻게 받아들이느냐에 대해 신중히 고려해 가장 올바른 요인을 찾아내야 한다. 남아프리카공화국 최초의 흑인 대통령 넬슨 만델라는 이런 말을 했다.

"당신의 선택이 두려움이 아니라 당신의 희망을 반영하기를 바랍니다."

삶은 항상 선택의 갈림길에 놓여 있고 당신은 앞으로도 양자

택일의 길에서 서성이게 될 것이다. 그 갈림길이 우리를 성공으로 이끌 수 있고 때론 실패로 이끌기도 한다. 영화 〈내 깡패 같은 애인〉 대사에서 나오듯 사회적 구조와 환경이 개개인의 정서에 부정적인 영향을 미칠 수 있다는 사실을 우린 이미 알고 있다. 이를 다시 깨닫게 되면 자신을 100% 비난하지 않을 거라고 생각한다. 물론 그렇다고 무조건 나라 탓만 하는 게 좋다는 의미는 아니다. 모든 화살을 나에게로 돌리는 대신, 객관적으로 상황을 바라보며 문제를 해결하는 방향으로 진일보해야 한다는 것이다.

실패와 좌절이 생각보다 폭넓은 시각에서 해석될 수 있다는 점은 너무나 중요한 교훈이다. 당신 잘못만은 아니니 너무 자책하지 마라. 상황은 언제든 바뀌기 마련이고 우린 그 어느 것도 예측할 수 없으니 실패와 실수는 당연한 통과의례다. 인생에는 성공과 실패가 아닌 성공과 과정만 있다 하지 않는가. 모든 시련은 성공으로 가는 계단 그 이상 그 이하도 아니다.

"실수는 당신이 인간이라는 증거입니다.
완벽함을 추구하기보다,
당신의 성장을 축하하는 것이 필요합니다."

조안 롤링 Joan K. Rowling

우리가 몰랐던
사랑의 삼각형 이론

'완벽한 사랑이란 게 존재할까?'

한때는 로미오와 줄리엣처럼 모든 것을 바칠 수 있는 사랑이 가장 이상적인 사랑이라고 생각하며 그런 사랑을 하고 싶다고 두 손을 모은 적이 있다. 그런데 로미오와 줄리엣의 나이가 고작 13, 14세밖에 되지 않았고, 심지어 사랑에 빠진 지 며칠밖에 지나지 않은 상태에서 일어난 이야기라는 사실을 깨닫고는 경악을 금치 못했다.

'사랑'하면 상대에게 모든 것을 바쳐야만 하고, 나의 모든 것을 희생해야 하며 그 어떤 장애물이라도, 그것이 설령 가족이라도 뛰어넘어야 한다고 생각했다. 조금이라도 상대에 대한 불만이나 의심이 생기면 내 마음을 질타하며 그건 사랑하는 게 아니라고 나를 몰아붙이기도 했다. 나이가 든 지금에 이르러서는, 미묘하게 각색된 사랑의 정의가 모두 잘못된 형태였음을 깨닫게 되었다.

80억의 인구가 있다면 80억 개의 사랑이 있다고 한다. 흥미로운 점은 세상에 존재하는 수많은 사랑 이야기만큼이나 좋은 사랑이 무엇인지에 대한 연구도 끊임없이 이어져 왔다는 점이다. 지능 연구로 유명한 심리학자 로버트 스탠버그는 1986년 사랑에 대한 삼각형 도식을 세상에 내놓았는데, 이것을 가리켜 〈사랑의 삼각형 이론〉이라 일컫는다. 그가 제시하는 사랑의 세 가지 척도는 '친밀감', '열정', '헌신'인데 이 중에서 하나라도 빠지거나 기울어지면 그 사랑은 이상한 형태로 변질된다고 주장한다. 삼각형 모양이 정삼각형에 가까울수록 이상적인 사랑이며, 면적이 넓어질수록 사랑의 크기가 커졌음을 의미한다고 한다. 뿐만 아니라 사랑의 삼각형 모양이 변화함에 따라 그 형태도 달라진다는 재미있는 의견을 내놓았다. 사랑이 존재하지 않는 1가지를 제외하고 총 7가지로 사랑의 형태를 분류한 내용이 꽤 흥미롭다.

〈스탠버그가 주장하는 사랑의 형태〉

1. 우정적 사랑Liking/Friendship: 친밀감만 존재. 서로 간의 깊은 정서적 유대는 있지만 열정이나 헌신이 부족함.
2. 도취적 사랑Infatuation: 열정만 존재. 강한 성적 매력과 감정적 흥분이 있지만 친밀감이나 헌신이 부족한 사랑으로 보통 첫눈에 반한 사랑이 여기에 해당됨.
3. 공허한 사랑Empty Love: 헌신만 존재. 친밀감이나 열정이 없는 상

태에서 단순히 관계를 유지하려는 의지만 남아있는 사랑으로, 오래된 결혼 생활에서 흔히 볼 수 있음.

4. 낭만적 사랑Romantic Love: 친밀감과 열정이 존재. 감정적 유대와 성적 매력이 결합된 사랑이지만 헌신이 부족하여 장기적인 관계로 발전하기 어려움.

5. 동반자적 사랑Companionate Love : 친밀감과 헌신이 존재. 깊은 정서적 유대와 관계를 유지하려는 의지가 있지만 열정이 부족한 사랑으로, 오래된 부부나 매우 친한 친구 사이에서 나타남.

6. 헛된 사랑Fatuous Love: 열정과 헌신이 존재. 강한 성적 매력과 관계를 유지하려는 의지가 있지만 친밀감이 부족한 사랑으로, 빠르게 한 결혼 등이 여기에 해당됨.

7. 완전한 사랑Consummate Love: 친밀감, 열정, 헌신이 모두 존재. 스턴버그가 말하는 이상적인 사랑으로 세 가지 요소가 균형을 이루며 강하고 오래 지속되는 관계를 말함.

당신은 지금 어떤 사랑을 하고 있는가? 짝사랑이나 연애를 한 번쯤 해 봤거나 결혼을 했다면 공감되는 부분을 발견할 수도 있고, 나에게 해당되는 사랑이 어디인지 자연스럽게 알 수 있을 것이다.

요즘 시대는 사랑보다 현실에 타협할 때가 훨씬 많아 보인다.

혹자는 현생이 바빠 사랑을 포기하는 시대라고 한다. 현실이 아무리 힘들고 또 중요해도 단 한 번뿐인 인생에 사랑이 없다면 그만큼 건조한 인생도 없으리라는 생각이 든다. 당신은 어떤 사랑을 하고 싶은가? 사랑하는 것을 두려워하는 사람들이 점점 많아지는 오늘날, 내 사랑의 정의를 내려 보며 다시금 메마른 마음에 사랑의 불을 지펴보길 바란다. 살면서 선명히 느끼는 건 곁에 사랑이 있을 때와 없을 때의 차이가 극심하게 크다는 점이다. 아무것도 사랑하지 않을 때를 떠올려 보면 사랑을 해야만 하는 이유를 명확하게 느낄 수 있다. 그 어떤 사랑에도 정답이 없으니, 당신이 하는 사랑을 정답이라 여기고 온 마음을 다하길 바란다.

"한 사람이 다른 사람을 사랑하는 것.
이는 모든 일 중 가장 어려운 일이고,
궁극적인 최후의 시험이자 증명이며,
그 외 모든 일은 이를 위한 준비일 뿐이다."

라이너 마리아 릴케 Rainer Maria Rilke

나는 그저 사랑받고 싶었을 뿐인데
드 클레랑보 증후군

 사랑이라는 틀 안에서 망상에 빠져 살아가는 사람들이 많다. 누군가는 저 사람이 나를 사랑한다고 확신하며, 심지어 화를 내는 것조차 다 나를 사랑하기 때문이라고 착각한다. 한 가지 예로 이런 상황이 있다. 아름다운 여성에게 조금 부족한 남성이 사랑을 표현하고 구애하지만, 그 여성은 매몰차게 거절하기 바쁘다. 남자는 직접 찾아가 고백을 하기도 하고 로맨틱한 분위기도 잡아보지만, 여성은 남성의 구애에 아무런 관심이 없다. 문제는 지금부터 시작된다. 지속적인 거절에 의해 남자의 사랑은 집착으로 이어지고, 스토킹에 가까운 행동까지 하게 된다. 그러다 결국 범죄에 준하는 행동까지 손을 뻗게 된다. 그나마 다행일까, 그는 특정한 계기를 통해 여자가 자신을 정말로 사랑하지 않으며 오히려 지속적인 구애에 지쳐 자신을 싫어하고 있다는 사실을 깨닫는다. 결국 남자는 엉금엉금 높은 곳으로 기어 올라가 자신과 만나주지 않으면 몸을 던져 죽어버리겠다고 협박까지 하게 된다. 영화 같은 상황 같지만 이런 일이 현실에서도 비일비재하게 일어나고 있다.

영화 〈조커〉2019에서도 이런 현상을 볼 수 있다. 주인공 아서 플렉은 같은 맨션에 살고 있는 이웃 싱글 맘을 엘리베이터 앞에서 마주한 후, 홀로 망상증에 시달린다. 싱글맘이 자신을 유혹했고, 관계를 맺으며 연인 관계가 되었다고 믿었던 아서는 "당신은 누구죠?"라는 상대방의 한마디에 이 모든 것이 자신의 망상이었다는 것을 깨닫고, 무명 코미디언에서 잔혹한 악당 '조커'로서 각성하게 된다.

다른 사람이 자신을 사랑한다고 믿는 과한 망상을 에로토마니아Erotomania라고 부른다. 다른 말로는 〈드 클레랑보 증후군〉이라고 부르는데, 1921년 프랑스의 정신병학자인 드 클레랑보의 이름에서 유래됐다. '도끼병'이라고 불리는 드 클레랑보 증후군은 자신보다 사회적, 경제적, 정치적 지위가 더 높은 타인이 자신을 사랑하고 있다고 믿는 증상이다. 흥미로운 점은 아무런 의미가 담기지 않은 보편적인 행동이나 기본적인 매너에 과한 의미를 부여해 해석한다는 점이다. 심지어 대상이 불쾌한 기색을 보이고 피하더라도, 다른 사람들에게 우리 관계를 알리기 부끄러워 거부하는 척을 한다고 생각한다. 거부하는 행동을 넘어서서 직접적으로 화를 내더라도 '날 사랑하기 때문에 저러는 거야'라는 식으로 의미를 부여하니 이 사랑의 믿음은 광적이라고 표현할 수 있다.

이 증후군에 걸린 사람은 모든 행동을 자기중심적으로 결론짓기 때문에 주변 사람도 막을 수 없는 자기 합리화의 수렁 속에 빠져 허우적댄다.

현실에서 쉽게 찾아볼 수 있는 사례는 유명 아이돌이나 좋아하는 배우를 향한 맹목적이고 그릇된 형태로 사랑을 표출하는 소위 '사생팬'이 있다. 유명인의 팬들을 향한 인사가 자신만을 향한 것이며, 오직 자신만 사랑하고 있다고 착각하여 밤낮 할 것 없이 스토킹을 한다. 유명인이 불쾌감이라도 드러내면 그 즉시 배신감을 느껴 집착과 심각한 범죄까지 저지르는 사례가 종종 보도된다.

클레랑보 증후군을 겪는 사람이 경찰에 잡혀가면 어떻게 반응할까? 그들은 상대가 자신을 무조건적으로 사랑하고 있으며, 더 나아가 상대가 먼저 자신을 유혹했다고 주장한다. 이 증후군은 범죄로 이어질 수 있기에 사회적으로 쉬이 용납될 수 없지만, 실상 그들의 내면을 들여다보면 근본적인 결핍이 있다는 사실을 알 수 있다. 그들은 상대가 자신을 사랑하지 않는다는 사실을 받아들이는 게 두려운 나머지, 자신의 바람을 강렬한 믿음으로 발전시켜서라도 사랑을 받고 싶었던 게 아닐까? 범죄적 행동을 옹호하거나 묵과해야 한다는 의미가 아니다. 범죄는 마땅히 처벌을 받아야 하겠지만, 동시에 사랑받고자 하는 그 마음은 왠지 넌지시 이해할 수 있을 것도 같다.

  사랑받고 싶은 마음, 그 마음만큼 보편적이며 공감 가는 마음이 또 있을까. 그러나 마음이 상호 간에 이어지지 않는다고 해서 꼬리에 꼬리를 물고 부정적인 생각을 진전시키거나, 잘못된 믿음으로 만들어버리는 것은 나와 타인을 모두 불행하게 만드는 일이다. 사랑은 용기의 영역이지만 상대의 거절에도 의연할 수 있는 마음을 먼저 길러야 한다. 혼자 사랑하고 혼자 아파하고 혼자 이별하는 일은 이쯤에서 그만두자. 그 사람이 아니어도 당신은 충분히 좋은 사랑을 할 수 있다.

"사랑에는 늘 어느 정도 광기가 있다.
그러나 광기에도 늘 어느 정도 이성이 있다."

프레드리히 니체 Friedrich Nietzsche

네가 올 때까지 영. 원. 히. 기다릴게
와이트 섬리딩 증후군

    20살. 기대에 부풀며 상상하던 대학 생활과 달리 나는 함께 입학한 형과 조용히 한 해를 보냈다. 그리고 1년 후 어김없이 찾아온 입대 통지에 나는 의경, 형은 공군으로 지원했다. 형이 공군에 간 이유는 대체로 공군이 휴가가 많아 그때 만나고 있는 여자 친구를 자주 보려는 목적 때문이었다. 제대 후에도 형은 꾸준히 연애를 이어가며 단단한 관계를 이어갔다. 하지만 영원한 것은 없다고 했던가. 형의 연애도 결국 끝이 났고, 우린 복학생으로 만나 이따금씩 근황을 나눴다. 놀라운 건 형은 헤어진 후에도 매년 같은 날짜, 같은 시간에 여자 친구와 함께했던 장소에 찾아가고 있다고 했다. 그녀가 다른 남자를 만나도, 형은 매년 그 장소를 찾아가 치열하게 사랑했던 여자를 기억하려고 했다. 그때 처음으로 깨달았다. 누군가를 좋아하고 사랑하는 감정은 지극히 주관적일 수 있다는 사실을. 그 이후로 나는 사랑하는 감정을 함부로 재단하지 않겠다고 다짐했다.

    이렇듯, 처음 만난 자리에 그 사람이 다시 나타나기만 기다리는 현상, 또는 그리운 마음에 상대방과 갔던 장소에 가는 행동을 〈와이트 섬리딩 증후군〉이라고 한다. 사랑하는 감정을 느껴본 사람이라면, 누군가를 진심으로 그리워해 본 사람이라면 공감할 법한 증상이다. '혹시라도 그 사람을 볼 수 있을까' 하는 마음에 그곳을 맴돌며 우연이라도 마주치길 실낱같은 희망을 품고 있는 것이다.

"각인"이라는 단어만큼 강력한 단어가 또 있을까? 각인은 특정한 순간이나 경험이 우리 마음에 깊이 새겨져 평생 지워지지 않는 것을 의미한다. 예를 들어, 사랑하는 사람과 처음 손을 잡았을 때의 온기, 첫 키스를 했을 때의 떨림, 함께 까르르 웃었던 순간, 함께 했던 장소의 냄새까지 각인의 일화이다. 이런 기억은 평생 지워지지 않고 마음 깊은 곳에 남아, 때때로 그 순간을 생생하게 떠올리게 해 평온했던 마음을 무너트리기도 한다. 사랑하기 때문에, 이별했기 때문에, 너무나 그리워하기 때문에 생겨나는 증상인 '와이트 섬리딩 증후군'에 빠진 사람은 초인처럼 순간에 담겨있던 모든 오감을 기억해 감성적인 상태에 자주 빠지게 된다.

흘러가는 시간의 흐름을 막을 수 없으니 우리는 인생에 남아있는 추억을 곱씹으며 죽음을 향해 나아가고 있다. 그런 의미에서 한 가지 질문을 당신의 마음에 남기고 싶다.

"당신의 인생에서 가장 사랑이 강력한 순간은 언제인가?"

우리가 살아가는 세상은 팁팁하고 메말라 있지만, 사랑이 있기에 보다 인간답게 살 수 있다. 연인 간의 사랑, 가족 간의 사랑, 친구 간의 사랑 그리고 나 자신을 향한 사랑을 포함하여 우리는 결국 사랑을 주고받는 존재로 살다가 떠난다. 그러니 우리에게 단 1초라도 남아 있을 때 더 많이 사랑하고, 더 많이 표현하며, 더 많이 고마워하고, 더 많은 시간을 사랑하는 사람과 함께 보내자. 과거를 그리워하는 건 여기까지다. 우리는 과거에 했던 사랑보다 더욱 짙은 관계를 만들 수 있고 그때 후회 없이 사랑하는 것만이 할 수 있는 최고의 최선이다. 누군갈 그리워하는 건 어쩌면 온 마음을 다해 사랑을 했다는 증거가 아닐까? 그것을 사랑의 증표로 삼고 마음을 열길 바란다.

영원히 어린 아이로 살고 싶은 사람들의 심리
피터팬 증후군

"너는 왜 그렇게 매사에 비관적이니?"

누군가가 나에게 던진 이 말에 제대로 반박하지 못했다. 실제로 비관적인 사고로 현실 상태를 바라보고, 누군가가 나에게 친절을 베풀면 숨은 의도가 있지는 않은지 생각하는 습관이 있었기 때문이다. 당시 그 습관과 행동이 부정적으로 나를 물들이고 있다는 사실을 알고 있음에도 불구하고 굳이 벗어나려 하지 않았다. 그랬기에 나를 비난했던 상대에게 당당하게 답변하지 못했다.

시간이 흘러 나는 나를 향하는 비난에 굳이 답변할 필요가 없음을 깨닫게 되었다. 내가 만약 아무런 풍파를 경험하지 않고, 아무도 나를 속이지 않았으며, 아무도 나를 괴롭히지 않았다면 누군가를 의심할 필요도 없고, 누군가의 의도를 예측해야 할 일도 없었을 것이다. 하지만 인생은 매번 녹록치 않기에 나를 보호할 방법을 찾아야만 했다. 그것이 비관적인 시선으로 번져간 것이다. 그렇게 스스로에게 면죄부를 부여하고 한참의 시간이 흐른 후 또 한 번의 깨달음이 찾아왔다. 비관적인 사고마저도 내가 한 사람으로서 성숙해지는 과정에 필요한 부분이었다는 사실이다.

"All it takes is faith and trust"
"모든 건 믿음과 신뢰로 시작되지"

디즈니 애니메이션 〈피터팬〉의 대사 한 줄이다. 누군가는 이 대사에 100% 동의할 수도 있겠지만, 사실 나는 절반 정도밖에 동의하지 못한다. 오히려 현실을 모르는 어리광스러운 말로 보인다. 어른들을 골탕 먹이고, 평생 자라기를 거부하는 사람이 아무것도 모른 채 마냥 희망만 좇는 대사로 느껴지기까지 한다. 지독한 현실에서는 믿음과 신뢰의 중요성보다 믿고 신뢰하던 사람들에게 뒤통수를 맞은 기억이 더욱 강렬하게 남아있기 때문이다. 이렇듯 피터팬처럼 나이가 들고 육체가 성장했음에도 어른임을 인정하지 않은 채 어린아이처럼 생각하고 현실을 도피하는 심리현상을 〈피터팬 증후군〉이라 한다.

알다시피 젊게 사는 것과 정신연령이 성숙하지 못한 것은 엄연히 다르다. 육체적인 성장과 함께 정신적인 성장도 함께해야 비로소 어른이 될 수 있다. 피터팬 증후군을 가진 사람은 흔히 현실 부정과 퇴행을 방어기제로 사용한다. 힘들거나 견딜 수 없는 현실을 쉽게 부정하고, 어린아이처럼 타인에게 의지하고 유치한 행동을 보임으로써 어린 시절로 퇴행된 모습을 보인다. 피터팬 증후군에 빠진 사람은 책임감이 낮은 경향이 강하며 이상은 높지만, 이를 실천하려는 의지가 약한 편이다. 취업을 위한 노력 대신 부모에게 용돈을 받으며 생활하려는 캥거루족의 증가가 대표적인 예다. 사회 진출에 대한 두려움, 가정을 이루는 부담감으로 현실을 도피해 부모에게 경제적으로 의지한다. 이들은 직면한 문제를 개척하기 위해 임시적으로 부모에게 의지하는 사람들과 다르다. 책임감이 결여되고 스스로 판단하는 능력이 저하된 이들은 평생 꿈만 꾸다 사회를 부정적으로 바라보는 비극을 맞이하기도 한다.

피터팬 증후군에서 벗어나기 위해서는 부모로부터 빠르게 독립을 하고 사회 구성원으로서 마땅히 책임져야 할 일을 짊어져야 한다. 어릴 적 꿈꿨던 자신의 모습과 현실의 모습이 다르더라도 이를 마땅히 받아들이는 노력이 필요하다. 자신이 세상의 중심이었던 아이 시절과 이별하고 어른으로서 사회를 수용하자. 이러한 과정에서 인내와 용기가 필요하지만, 이를 통해 우린 주체적인 삶을 살며 더 많은 행복을 누릴 수 있다. 당신을 위한 어른의 덕목 6가지를 소개한다.

〈진짜 어른의 특징 6가지〉

1. 자신의 감정과 생각을 솔직하게 표현하면서도 타인의 감정과 경계를 존중할 줄 안다.
2. 책임감을 가지고 자신의 선택과 행동에 대해 책임지며, 결과에 대해 타인을 탓하지 않는다.
3. 어려움과 문제를 회피하지 않고 정면으로 마주하며, 해결을 위해 적극적으로 노력한다.
4. 타인의 의견을 경청하고, 필요할 때 타인의 도움을 기꺼이 받아들일 줄 안다.
5. 감정을 잘 조절하며, 상황에 맞게 성숙하고 적절한 반응을 보인다.
6. 삶의 우선순위를 명확히 정하고, 중요한 일에 집중하는 능력을 갖추고 있다.

"나이는 한계가 아니다.
나이 든다는 것은 등산하는 것과 같다.
당신은 이 바위에서 저 바위로 오른다.
오르면 오를수록 더 지치고 숨차지만
당신의 시야는 점점 넓어진다."

에른스트 잉마르 베리만 Ernst Ingmar Bergman

욕심은 많은데 능력 없는 사람들의 습관적 거짓말

리플리 증후군

2010년대 중후반, 브로드웨이에서 표를 구하기 가장 어려운 작품 중 하나였던 뮤지컬 〈디어 에반 핸슨〉. 소심한 소년이었던 에반 핸슨이 불안장애를 극복하기 위해 스스로에게 쓴 편지가 자살한 아이의 마지막 유서로 오해받아, 상황을 회피하고자 한 거짓말이 또 다른 오해와 거짓말을 낳게 되는 작품이다. 이 작품은 토니상을 비롯해 수많은 트로피를 들어 올리며 당시 미국 젊은 층에서 열광적인 호응을 얻었는데, 그 이유는 바로 SNS와 가상 세계 속에 살며 자신의 현실을 잊는 우리의 모습을 잘 담아냈기 때문이다.

개인차는 존재하지만 보통 사람은 거짓말을 하면 쉽게 티가 난다. 설령 거짓말을 잘하는 사기꾼이라 할지라도, 일말의 심리적 허점이 드러나기 마련이다. 코를 자주 긁는다든가 눈동자가 흔들리는 등 심리적으로 감출 수 없는 신체적 반응이 존재하기 때문이다. 거짓말 탐지기는 바로 이러한 몸의 반응을 감지해 거짓 유무를 파악한다. 그러나 이런 거짓말 탐지기도 무용지물인 증후군이 있는데 바로 〈리플리 증후군〉이다.

  리플리 증후군Ripley Syndrome은 '허구의 세계를 진실이라 믿고 거짓된 말과 행동을 상습적으로 반복하는 반사회적 인격 장애'를 뜻한다. 주로 성취욕구가 강한 무능력한 개인이 마음속으로 강렬하게 원하는 것을 이룰 수 없는 사회적 구조에 직면할 때 많이 발생한다. 열등감과 피해의식에 시달리다가 반복적인 거짓말을 통해 거짓을 진실로 믿게 된다는 것이다.

  이 용어의 어원은 미국의 소설가 패트리샤 하이스미스의 소설 《리플리》에서 볼 수 있는데, 소설 속 리플리는 가난하고 별 볼 일 없는 본인의 현실에서 벗어나고자 상습적으로 거짓말을 하다 결국 본인이 뱉은 거짓말에 휘둘리며 수많은 범죄를 저지르게 된다. 문제는 단지 소설에만 그치던 내용이 언론 보도를 타면서 와전됨에 따라 널리 쓰이는 일상용어가 되었다는 데 있다. 진위 여부와 별개로, 이 증후군이 한국에서만 유독 유명하다는 자체도 흥미로운 사실이 아닐 수 없다. 여기에는 크게 두 가지 사회문화적 심리를 읽어 낼 수 있는데 첫째는 리플리 증후군에 많은 공감을 보일 만큼 압박이 큰 한국 사회라는 점과 둘째로 거짓말에 유난히 민감하게 반응하는 우리의 모습을 예로 들 수 있다.

한국 사회가 돈, 명예, 학벌 등 다양한 이슈로 이 증후군이 많이 발생할 수 있는 환경임을 반추해 보면, 대중이 적지 않게 공감한다는 배경을 쉽게 이해할 수 있다. 아울러 거짓말을 지양하는 유교 가치관의 특성상, 거짓말에 대한 강한 반감이 내면화되어 있기에 유달리 많은 관심을 보인 점도 없지 않다.

"엄만 몰라요. 내가 얼마나 엉망인지."

-〈디어 에반 핸슨〉 중 에반 핸슨의 대사

우리는 내면에 불안과 두려움을 항상 가지고 있다. 겉으로는 멀쩡해 보일지라도, 속은 불안으로 얼룩져 있는 것이다. 에반 핸슨은 그런 자신을 어머니조차 이해하지 못한다고 토로한다. 이는 많은 이들이 겪는 감정으로, 자신이 진정으로 어떤 상태에 있고 그 상태를 숨기기 위해 얼마나 많은 거짓말을 하고 있는지를 다른 이가 알아주지 못한다는 점을 시사한다. 사회는 때때로 우리에게 완벽한 모습을 요구한다. 그러나 완벽함은 인간 본성에 반하는 것이다. 우리는 결점이 있는 존재며, 그것이 인간의 본질이다. 그러나 자신을 보호하기 위해, 혹은 타인에게 인정받기 위해 우리는 종종 진실을 왜곡한다. 이는 일시적으로는 문제를 해결해 주는 것처럼 보이지만, 장기적으로는 더 큰 문제를 초래한다. 너무나 많은 거짓말로 진정한 자신을 잃게 되는 것이다.

진실성은 인간 존재의 핵심이다. 용기에 관한 연구로 유명한 미국의 베스트셀러 작가인 브레네 브라운은 "취약성을 껴안는 것이 용기의 본질이다"라고 말한다. 이는 자신을 깊이 들여다보고, 있는 그대로의 자신을 받아들여야 함을 의미한다. 거짓말은 우리를 진정한 자신으로부터 멀어지게 한다. 브라운의 말처럼, 취약성을 인정하고 그것을 타인과 나눌 때 사람은 진정한 용기를 발휘할 수 있다. 행복과 평화는 부족한 나를 받아들이고, 그것을 타인과 나누는 데서 온다. 에반 핸슨의 대사에서 드러난 고통은 모두가 직면할 수 있는 현실이다. 현실을 직시하고, 담백한 삶을 살아갈 때 비로소 진정한 내면의 자유를 찾을 수 있다. 자신에게 솔직해져라. 부족해도 괜찮다. 약점과 결점을 인정하고 받아들이는 것은 타인에게 솔직할 수 있는 기반이 된다. 두려움 없이 자신의 이야기를 털어놓을 수 있는 용기를 가지는 것도 필요하다. 그래야 진심 어린 위로를 받을 수 있고 잃었던 자아를 찾을 수 있다. 세상과의 괴리가 줄어드는 순간은 여기서부터 시작된다.

거짓말쟁이로 살기에는 아까운 인생 아닌가. 더 큰 폭풍이 오기 전에 진실을 드러내자. 그것이 당신에게 다가오는 재난을 막아 줄 것이다.

"당신은 어떤 사람들을 계속해서 속일 수 있을 것이고,
모든 사람들을 잠시 동안 속일 수 있을 것이다.
그러나, 모든 사람들을 계속해서 속일 수는 없을 것이다."

에이브러햄 링컨 Abraham Lincoln

의심은 당신을 점점 미치게 만든다
오셀로 증후군

영화사를 운영하던 지인이 나를 데리고 유명한 점집으로 향한 적이 있다. 그곳에서 그는 언제 영화를 개봉하는 게 좋을지 점을 보면서 날짜를 선택하고 있었다. 이성적으로 생각한다면 개봉하려는 작품 앞뒤에 어떤 영화가 개봉하는지, 어떤 트렌드에 맞출 것인지를 고민할 텐데 진지한 모습으로 점을 보고 있는 지인의 모습을 보고 있자니 오묘한 감정이 들었다. 실제로 영화는 점집에서 정해준 날짜에 개봉했지만 안타깝게도 흥행하지는 못했다.

이와 비슷한 이야기는 이미 우리 주변에서 쉽게 찾아볼 수 있다. 중요한 날이거나 불안한 미래를 확인하기 위해 점이나 타로를 보러 가는 사람이 흔하다. 그만큼 불확실한 미래에 대한 궁금증이 많기 때문이라고 조심스레 예측해 본다. 다만 우려되는 요소는 그곳에서 들은 말을 진심으로 믿는 사람들이 부쩍 많아졌다는 점이다. 진짜 일어날 일이라 믿고 행동하는 것은 위험한 사상이 아닐 수 없다. 이런 현상을 설명할 수 있는 셰익스피어의 4대 비극 중 오셀로의 한 장면이 있다.

오셀로는 베네치아의 무어인 용병 출신 장군 오셀로가 악인 이아고에게 속아 선량하고 정숙한 아내 데스데모나를 의심하고 질투 끝에 아내를 살해하게 된다는 비극적인 이야기이다. 이 작품은 견고한 사랑에 균열을 일으키는 데 필요한 것은 아주 사소한 의심이며, 이를 통해 파멸에 다다를 수 있다는 점을 그려낸 최고의 명작이다. 작품에서 〈오셀로 증후군Othello syndrome〉이 유래되었는데, 이는 명확한 증거가 없음에도 배우자의 불륜을 의심하고, 이 때문에 자신이 피해를 입고 있다고 착각하는 증상이다. 부정망상Delusion of infidelity의 일종으로, 의부증이나 의처증이라는 용어로 불리기도 한다.

지나치게 꼼꼼해 기억력이 좋고 타인의 행동을 과장해서 해석하는 사람에게 자주 일어나는 이 증상의 흥미로운 사실은 배우자에 대한 열등감 역시 오셀로 신드롬의 주요 원인이 된다는 사실이다. 오셀로가 자신이 흑인이라는 이유로 아내 데스데모나가 또 다른 부관 캐시오와 관계할 수도 있다고 의심한 것처럼 이 증상이 심해지면 배우자가 부정을 저질렀다는 '굳은 신념'이 생긴다. 그래서 억지를 부리거나, 도청, 녹음, 미행, 동영상 촬영을 강행하고 살해까지 저지르기도 한다. 결국 있지도 않은 피해의식으로 인해 극단적인 사태까지 초래하는 셈이다. 어찌 보면 자신의 강한 믿음과 확신이 불러일으킨 처절한 비극이다.

철학자 버트런드 러셀은 "현대 세계의 근본적인 문제는 어리석은 자들이 자신만만한 반면, 현명한 사람들은 의심과 망설임에 가득 차 있다는 것"이라고 말했다. 이는 신념을 맹목적으로 따를 때 그것이 얼마나 위험할 수 있는지를 경고하는 말이다. 오셀로 증후군은 강한 믿음이 얼마나 쉽게 사람을 망가트리는지를 보여준다. 그가 극단적인 의심으로 인해 비극적인 결말에 이른 것처럼, 강한 믿음이 때로는 파괴적인 결과를 초래할 수 있음을 경계해야 한다. 현대 사회에서도 이상한 믿음에 갇혀 현실을 왜곡하고 잘못된 판단을 내리는 사람을 종종 목격한다. 이러한 점에서 믿음은 우리의 힘이자 동시에 약점이 될 수 있다.

그렇다면, 우리는 어떻게 건강한 믿음을 만들 수 있을까? 이는 아마도 끝없는 성찰과 타인의 의견을 경청하는 태도에서 비롯될 것이다. 내 경험과 타인의 말을 적절하게 녹여 최적의 판단을 내릴 줄 알아야 하며 믿음과 의심 사이에서 균형을 찾아야 한다. 스스로의 한계를 인식하고, 타인의 관점을 받아들이며, 더 넓은 시야로 세상을 바라보자. 말 한마디에 휘둘린다면 우린 짐승과 다름없을 것이다.

"불신은 또 다른 불신을 낳는다."

푸블릴리우스 시러스 Publilius Syrus

인정받지 않으면 살 수 없는 인생
영웅 증후군

'한 사람에게 인정 욕구는 얼마나 중요한 것이며, 동시에 얼마나 위험한 것일까?'

누군가에게 인정받는 행위는 근본적으로 만족감을 느끼는 동시에 자존감을 회복할 수 있는 건강한 일이다. 그러나 모든 상황에 다 해당하지는 않는다. '과유불급'이라는 말처럼, 인정 욕구도 과하면 부정적인 결과를 초래한다. 스스로 영웅이 되고 싶어 상황을 극단적으로 만들어 내는 현상을 〈영웅 증후군〉이라 한다. 이들은 모순적인 행동으로 선망을 받고 싶어 하는 욕구가 내면에 강하게 자리 잡고 있다는 점에서 일반 인정 욕구와 확연한 차이를 보인다.

이러한 형태를 잘 표현한 영화 중 〈인크레더블〉이라는 애니메이션이 있다. 주인공 미스터 인크레더블은 사람들을 구하는 영웅으로, 악당으로부터 도시를 구하고 사람들에게 추앙받는다. 그러다 자신을 과하게 쫓아다니는 한 아이에게 상처를 남기게 되는데 그 아이는 인크레더블에게 인정받지 못한 나머지 가짜 영웅

행세를 하기로 한다. 도시를 파괴하는 나쁜 괴물을 물리치면 사람들에게 사랑받을 거라 생각했기 때문이다. 빌런이 된 아이는 자신이 개발한 로봇 무기로 도시를 파괴하라고 지시한 후, 사람들이 공포에 떠는 순간에 나타나 영웅 행세를 하며 세간의 관심을 받게 된다. 그러나 결국 덜미를 잡히고 미스터 인크레더블이 도시를 구해 다시 영웅의 자리에 서면서 영화는 끝이 난다. 영웅의 사전적 의미는 '지혜와 재능이 뛰어나고 용맹하여 보통 사람이 해내기 어려운 일을 해내는 사람'이다. 해결할 수 있는 절망적인 상황을 만들어 영웅적 행위 또는 인정을 추구하는 사람에게 나타나는 영웅 증후군은 타인으로부터 '인정'과 '신뢰'를 받기 원하는 마음이 병적으로 심화하면서 발생한다.

최근에는 이런 심리를 역이용하는 사례도 많다. 회사에서 직원에게 영웅이 되라고 강요하며 과도한 업무와 책임감을 지게하고, 문제가 생겼을 때 정작 책임자는 뒤로 물러난다. 이러한 사례를 보며 요즘은 영웅을 바보로 만드는 세상이 아닌가 하는 생각도 잠시 해본다. 어떤 사람들은 이렇게 생각할지도 모른다.

"그래도 영웅 증후군은 타인을 돕고자 하는 마음에서 시작된 거니까 괜찮은 거 아닌가요?"

물론 그렇게 비칠 수도 있지만 실제로는 그렇지 않다. 영웅 증후군은 잘못된 방향으로 인정을 받으려는 마음에서 시작된다. 자신의 욕구를 채우기 위해 과한 행동을 하는 것이다. 모든 인간은 자신만의 결핍을 가지고 있고 이 문제를 해결하고 싶어 한다. 그리고 부모와 친구, 동료와 연인 더 크게는 나와 안면식도 없는 사람에게 인정을 받고 싶어 한다. 나는 항상 마음을 물잔이라고 표현한다. 지속적으로 채워지지 않는 목마름이 있다면 밑동이 깨진 물잔에 물을 들이붓는 것과 다름없다. 그 인정으로 인해 누군가는 삶의 의미를 발견할 테지만 누군가는 사막처럼 메말라간다. 우리는 앞으로도 누군가에게 인정받기 위해 아등바등 살아갈 것이다. 하지만 끊임없이 타인으로부터 삶의 가치를 공급받고자 한다면 밑동 깨진 물잔과 다를 바가 없다.

내가 살아온 인생은 다른 사람이 아닌 오직 나만이 안다. 그러니 나의 가치 또한 오직 나만이 매길 수 있다. 내가 나를 칭찬하고 독서를 통해 세상을 넓게 바라보고 작은 성취로 잃어버린 자존감을 회복하자. 바른 방법으로 조금씩 성장해 나간다면 내가 바라기 전에 이미 누군가가 당신을 영웅으로 인정하고 있을 것이다.

"꼭 모든 사람에게 인정받아야 할 필요는 없다.
부처나 예수조차 모든 이에게 인정받지 못했다.
타인에게 인정받기를 갈구하지 마라.
그럴 필요 없다.
인정받아야 할 곳은 상대가 아닌 자기 자신이다."

법상 스님

외부의 평가가 나의 가치를 결정할 수 없다
가면 증후군

  10년 전, 대학교에서 외국인 친구들과 함께 밴드를 구성한 적이 있다. 당시 키보드 연주자를 모집하는 과정에서 외국인과 한국인 그룹에서 하나의 차이점을 보게 되었는데, 굉장히 흥미로운 점이 있었다. 면접 과정에서 외국인 지원자는 자신이 피아노를 잘 친다고 자신 있게 말했지만 실제로는 말한 만큼 잘 치지 못했다. 반면, 한국인 지원자들은 다들 자신의 실력에 대해 겸손했지만 막상 연주는 능숙하게 했다. 이 하나의 사례로 일반화할 수는 없겠지만 처음 밴드를 구성하던 당시 나 또한 똑같이 행동 했었단 사실을 알 수 있었다. 당시 기타를 연주하는 실력이 꽤 자신 있었음에도 나는 자신감보다 겸손을 선택했다. 아니, 그래야 한다고 믿고 있던 것이다.

  '나는 왜 실력보다 스스로를 더 낮게 표현하며 살아왔을까?'

  이는 심정적 안정감과 연결되어 있었다. 타인이 나를 어떻게 평가할지 몰라 일단 겸손하고 보는 거다. 상대의 기대보다 실력이 좋았다면 문제가 없지만, 그렇지 않다면 내가 바보처럼 보일 거라 믿었다. 이러한 표현 전략은 지혜로워 보이지만 본질은 두려움이다. 나의 본 모습이 타인에게 어떻게 보일 지 몰라 스스로를 방어하는 꼴이다. 본 모습이 공개됐을 때 어떻게 판단될지 모르는 두려움, 그들을 실망시킬 지도 모른다는 두려움이 나를 사로잡고 있었다.

우리는 훌륭한 실력과 능력을 바탕으로 성공을 이루었음에도, 그것을 노력의 결과가 아닌 운으로 돌리며 실력이 드러나는 것을 꺼려 한다. "그것은 과대평가된 것이고, 저는 그런 사람이 아닙니다"라고 당연하듯 말하는 것이다. 많은 사람이 부족한 면을 숨기고 어디서나 잘 보이기 위해 '가면'을 쓴다. 회사에서는 회사에 맞는 가면을, 친구들 사이에서는 모임에 맞는 가면을 꺼내든다. 집에 돌아와 혼자 남게 되면 마침내 가면을 벗고 제대로 숨을 쉰다. 이것이 내가 설명할 가면 증후군의 대표 증상이다.

〈가면 증후군〉이란 자신의 성공을 노력이 아닌 운의 탓으로 돌리고 자신의 실력이 드러나는 것을 꺼리는 심리. 높은 성취를 이루었는데도 그것을 과대평가된 것으로 치부하는 동시에 스스로를 과소평가하는 경향을 뜻한다. 한창 인터넷을 뜨겁게 달구던 '어몽어스AMONG US'라는 게임에도 이러한 심리를 녹이고 있다. 미션을 수행하는 크루원들 사이에서 숨어든 '임포스터'를 찾아내 색출하는, 이른바 마피아 게임이 온라인화된 형태의 이 게임에서 임포스터의 역할을 부여받은 사람은 보통과 다를 바 없는 크루원의 가면을 쓰고 주어진 미션을 무사히 수행해야만 한다. 이 게임의 묘미는 가면이 드러나는 것을 꺼리는 임포스터를 밝혀내는 데 있다. 재미있는 사실은 가면 증후군 역시 'Impostor syndrome'라는 이름을 붙이고 있다는 사실이다.

이처럼 가면 증후군을 지닌 이들은 실제로 탁월한 성취 능력을 지녔음에도 자신의 실력이 드러나는 것을 거부하고 끊임없이 의심한다. 문제는 정말로 탁월한 성과를 거두고도 여전히 불안해하며 늘 새로운 목표를 찾아다닌다는 점이다. 얼핏 보면 좋아 보이지만, 문제는 이들의 내면이 몹시 곪아 있다는 점이다. 이들은 언제나 불안과 두려움에 시달리며 자신의 나약함을 숨기기 바쁘다. 겉보기엔 완벽해서 평소 아무런 문제가 없어 보여 주변인들이 쉽게 발견하지 못하고 오직 스스로만 고칠 수 있다는 점에서 난해한 증상이라고 할 수 있다.

가면 증후군의 특징은 크게 세 가지로 정의된다.

첫째, 자신을 향한 칭찬을 곧이곧대로 받아들이지 않음.
둘째, 언제나 모든 일에 완벽주의자가 되려고 노력함.
셋째, 끊임없이 다른 사람과 자신을 비교함

타인의 기대와 시선 속에서 자신을 잃어버리는 현상에 대해 철학자 장 폴 사르트르는 "타인의 시선이 나를 개체화 한다La regard d'autrui objectifie mon être"고 말했다. 사람들이 자신의 능력을 올곧게 인정하고 받아들이지 못하는 이유는 아마 자신의 본질을 외부의 평가에서 찾기 때문이 아닐까? 상사의 인정, 부모의 칭찬, 친구들의 찬사가 우리의 내적 가치를 결정짓는 것이다. 물론 사랑하는 사람들의 평가는 한 사람에게 큰 의미를 가진다. 문제는 사랑하는 사람들이 모두 나를 긍정적으로 평가하지 않으며, 동시에 늘 올바른 평가를 내리지도 못한다는 점이다. 또한, 외부적인 평가에 영원히 의존할 수만도 없다. 내적 가치를 결정하는 주체가 나에게 있지 않으면 매번 험난한 파도 속에 갇힌 돛단배처럼 흔들리게 된다.

내가 자신의 가치도 정확하게 평가하지 못하면서 어떻게 타인의 평가가 옳다고 판단할 수 있는가? 건강한 자아는 외부 평가에 전적으로 의존하지 않는다. 내가 먼저 있어야 남이 있다. 우리는 매일의 일상에서 중요하지 않은 사람의 평가를 너무 심각하게 받아들이고 있으며, 중요한 사람의 잘못된 평가를 올바른 평가라 착각하며 살고 있다. 틀렸다. 아닌 건 아닌 거다. 중요한 사실은 나 자신을 어떻게 바라보는지에 대한 관점이다.

외부의 평가가 나의 가치를 결정할 수 없다는 사실을 기억하자. 나의 본모습이 충분히 사랑받을 만한 가치가 있음을 잊지 말자. 가면을 쓰지 않은 나의 모습을 내가 먼저 사랑하기로 결심해보자. 자기애가 아예 없거나, 나를 사랑하는 법조차 모르는 사람이 너무나 많다. 철학자 에리히 프롬은 책 《사랑의 기술》에서 사랑은 능동적인 관심이며, 자신과 타인에게 진정한 관심을 가질 때 비로소 사랑을 할 수 있다고 말했다. 프롬의 말처럼, 가면 증후군을 벗어 던지고 스스로를 사랑하기 위해서는 '나를 향한 적극적 관심'이 우선적으로 필요하다. 당신은 내가 무엇을 좋아하고, 어떤 삶을 살고 싶고, 어떤 존재가 되고 싶은지 알고 있는가? 모른다면 지금부터 스스로에게 질문을 던지고 답을 찾아야 한다.

지금 당장 가면을 벗고 취약한 모습을 세상에 모두 드러내라는 말이 아니다. 나의 결점을 인정하면 자연스레 장점을 찾을 수 있으니 그 과정에서 삶의 가치를 스스로 깨달음으로써 진일보하자는 메시지다. 인생에서의 사랑과 행복, 만족과 기쁨은 내 안에서부터 시작된다는 사실을 잊지 말자. 이제는 연약한 가면을 벗어던질 차례다.

"다른 사람을 아는 사람은 현명한 사람이고,
자기 자신을 아는 사람은 깨달음을 얻은 사람이다."

노자 Laozi

의식하지 않고 웃을 때가 가장 예쁘다
아도니스 증후군

 최근 유튜브에서 남성 뷰티 유튜버들이 화제가 되고 있다. 이들은 스킨, 로션, 비비, 선크림, 헤어 스타일링 같은 메이크업을 남성들에게 소개한다. 이들의 구독자 수가 여성 뷰티 유튜버에 못지않다는 점은 대한민국 남성들 역시 외모를 가꾸는 데 관심이 많음을 알 수 있다. 또한 남자 아이돌이 등장하는 뮤직비디오나 잘생긴 남배우가 출연하는 드라마도 많아지면서 남성의 외모 관리에 많은 관심이 쏠려 있다.

 〈아도니스 증후군Adonis Syndrome〉은 이러한 남성의 외모집착증을 가리키는 말로 신체 이미지를 과도하게 중요시한 나머지 자신보다 잘생긴 사람을 보면 질투와 부러움에 우울증과 심한 두통을 겪기는 증상을 뜻한다. 아도니스는 과거 그리스 신화의 인물로, 아프로디테의 사랑을 받을 정도로 아름다운 미소년이었다. 아프로디테의 연인이 된 아도니스는 사냥을 즐겼으나, 위험한 사냥을 피하라는 경고를 무시하다가 멧돼지의 엄니에 받쳐 죽게 된다. 이에 슬퍼한 아프로디테의 눈물이 아네모네라는 꽃으로 자라났다는 설화가 있다. 과거에는 아름다운 청년을 아도니스라고 했으나, 요즘은 외모 중시 풍조로 인해 타인에게 인정받기 위해 지나치게 외모에 집착하는 증세를 아도니스 증후군이라고 부른다. 외모를 중시하는 사회적 분위기와 매체의 영향으로 더욱 확산되고 있는 증후군이기도 하다.

그리스 신화 속 아도니스는 외면의 아름다움으로 많은 사랑을 받았지만, 그의 삶은 결국 외모만으로는 채워지지 않는 무언가가 있었다. 사회와 미디어는 외모를 더 가꾸는 방향으로 우리를 이끌지만, 내면의 성찰과 성장 역시 중요하다는 사실을 잊어서는 안 된다. 인간의 가치는 외면과 내면이 조화롭게 어우러질 때 더욱 빛난다. 외면의 아름다움이 내면의 아름다움을 보장할 순 없으며, 외면의 부족함이 내면의 부족함을 의미하지 않는다. 아무리 첫인상이 좋아도 몇 마디 대화에 낮은 인격이 드러나면 상대는 금방 실망하게 된다.

개인적으로 외모는 내면과 함께 성숙해지는 인격의 동반자라고 생각한다. 마음이 편안하면 자꾸 웃음이 나고, 아름다운 생각을 하면 미소가 아름다워진다. 그 사람의 마음에 무엇이 있는지에 따라 외모 또한 바뀐다. 사람들이 성형으로 외모를 꾸민 사람보다 웃상을 좋아하는 이유가 따로 있다. 오늘 이 짧은 깨달음으로 마음의 정원을 깨끗하게 청소해 보는 시간을 가져보면 어떨까? 방법은 아주 간단하다. 좋은 생각과 아름다운 말을 정원에 심어 주면 된다.

되도록 부정적인 말보다는 긍정의 언어로 대화를 주고받아라. 그리고 가벼운 유머로 웃음을 나누어라. 그런 뒤 거울을 보면 아도니스에 버금가는 아름다운 모습을 발견할 수 있을 것이다.

"메이크업은 우리의 외모를 아름답게 꾸며주는 것이긴 하지만,
내면이 그렇지 않다면, 그것은 의미 없는 것이다."

오드리 햅번 Audrey Kathleen Hepburn

자주 볼수록 점점 좋아 보이는 효과의 비밀
에펠탑 효과

10월 1일은 내 개인 인생사에서 중요한 일이 가장 많이 일어난 날이다. 처음으로 회사 취업을 포기하고 사업자등록증을 낸 날이었으며, 소셜미디어 활동을 시작한 날도 바로 10월 1일이다. 지금 이렇게 집필하고 있는 책 또한 SNS을 시작했기에 가능한 일이니, 10월 1일은 나에게 각별한 날이 아닐 수 없다. SNS을 시작하기 전까지 나는 안티 소셜 미디어 활용자에 가까운 고립된 인생을 살았다. 1년에 한 번씩 인터넷에 들어가 내 이름을 검색하고 남아 있는 기록이 있는지를 살펴본 후 작은 흔적이라도 있으면 삭제하기 바빴다. 이전에는 세상이 어떻게 돌아가고 비즈니스가 어떻게 이루어지는지, 한 사람이 어떻게 알려지고 신뢰를 얻을 수 있는지 전혀 이해하지 못했기에 유튜브나 인스타그램 자체를 일절 소비하지도 않았다. 그러던 내가 어떻게 여러 SNS에서 30만에 달하는 팔로워를 만들 수 있었을까?

이러한 메커니즘을 설명할 수 있는 개념이 바로 〈에펠탑 효과 Mere Exposure Effect〉다. 에펠탑 효과란 처음에는 싫어하거나 무관심했지만, 대상에 대한 반복 노출이 거듭될수록 호감도가 증가하는 현상을 일컫는다. 즉, 특정한 자극을 반복적으로 접하게 되면 그 자극에 호기심을 가지게 되는 심리적 현상이다. 1889년 프랑스 대혁명 100주년 기념으로 알렉상드르 귀스타브 에펠Alexandre Gustave Eiffel이 건립한 에펠탑은 당시 파리의 많은 예술가들과 시민들의 반대에 난관에 부딪혔다. 고풍스럽고 아름다운 건물로 이루어진 파리에 자그마치 7천 톤이나 되는 철골 구조물은 어울리지 않는다고 여겨졌기 때문이다. 하지만 에펠탑은 프랑스의 랜드 마크로 전 세계 사람들에게 사랑받는 명소가 됐다. 커다란 구조물의 반복 노출이 점점 호감도를 상승시켰기 때문이다. 자주 보면 익숙하게 느끼고, 익숙해지면 안전하다고 생각해 결국 긍정적인 감정이 생긴다. 이는 광고와 인간관계 등 우리 삶 곳곳에 여러 차례 적용되고 있다.

이제는 대기업과 협업할 정도로 소셜 미디어 비즈니스에 대해 깊이 이해하고 있는 나는 이 효과가 누군가의 인생을 180도 바꿀 수 있는 강력한 도구임을 믿는다. 꾸준한 소셜 미디어 활동은 사람들과 연결해 주고 그것이 수십 번 반복되면 모르는 사람도 친숙한 관계로 발전할 수 있다. 이런 알고리즘을 바탕으로 지금, 이 순간에도 나와 내 브랜드를 타인에게 알리고 내 상품을 드러내며 수많은 수요를 만들어 내고 있다. 인지도가 곧 명성이며 그것이 돈으로 바뀔 수 있다는 사실은 이제 더 이상 비밀이 아니다. 그러나 이 효과에 장점만 있는 것은 아니다. 반복 노출 속에서도 줏대를 잡지 않으면 다양한 상술에 현혹당할 수 있음을 알아야 한다.

  에펠탑 효과를 쉬이여기면 안 된다. 우리가 읽고 보는 것들, 만나는 사람들, 그외 나를 둘러싼 모든 환경이 우리의 운명을 결정한다는 말은 충분히 실현할 수 있는 일이다. 부자가 되고 싶다면 부자 곁으로 가라는 이건희 회장님의 말을 생각해 보자. 우리가 반복적으로 노출되고 있는 것을 따라 인생을 흘려보내게 되는 건 특정 방향으로 자동으로 움직이는 생각의 무빙워크라 할 수 있다. 당신은 무엇에 반복적으로 노출되고 있으며, 무엇에 점점 익숙해지고 있는가? 뇌는 우리를 생존시키고 보호하기 위해 빠른 속도로 합리화를 진행하고 있다. 내가 보는 것이 무조건 옳다고 생각하는 것은 사람을 확증 편향으로 만든다. 우리는 부정적인 영향으로부터 나를 보호하기 위해 분별력 있는 생각의 장벽을 쌓아 올려야 한다. 주변에서 시시각각 흘러 들어오는 정보와 자극적인 메시지에 흔들리지 않음으로써 수동적인 피해자가 되기보다 능동적인 메신저가 되어야 한다. 내가 진심으로 동경한 사람이 한 것처럼 세상에 전할 법한 메시지를 주변에 많이 흘려보내라. 그리고 되고 싶은 사람의 곁에서 그들의 말과 행동을 지켜보아라. 반복적으로 좋은 에너지를 주고받는 것은 주변 사람을 행복하게 하고, 자신을 성장시키는 데 큰 역할을 할 것이다.

당신은 어떤 사람이 되고 싶은가? 어떤 사람으로 기억되고 싶으며, 어떤 모습으로 살아갈 때 만족감이 가장 높은가? 영향력의 시대에서 어떤 영향력을 소유할 것인가는 당신의 결정에 달려있다. 반복적으로 노출되는 환경과 자극이 앞으로의 사고방식과 행동에 영향을 준다는 사실을 기억하자. 부정적인 영향력에 무방비로 노출되지 않도록 자신을 보호하고 건설적인 메시지를 내 옆에 두어야 한다. 이 사이클을 터득하게 된다면 당신은 좋은 환경 속에서 원하는 미래를 직접 결정지을 수 있다.

"모든 것은 제각기 아름다움을 지니고 있으나,
모든 이가 그것을 볼 수는 없다."

공자 Confucius

보고 싶은 것만 보고 살 수는 없다
바더-마인호프 현상

21살, 배낭 하나만 달랑 멘 채 말레이시아 공항에서 중국으로 향하는 비행기를 기다리던 중 한 가족이 시아에 들어왔다. 편안하게 탑승을 기다리는 아빠, 엄마, 아이의 모습이 너무도 평온하고 화목해 보여 이 기억이 내 인생의 작은 꿈으로 자리 잡았다. '나중에 나를 닮은 아이가 생긴다면 어떨까?'라는 상상을 자주 하던 나는 사랑하는 사람을 만나 결혼을 하고 나를 똑 닮은 아들의 아빠가 되었다.

아내가 이른 아침에 출근을 하면서 어린이집 등원과 하원을 도맡아 하다 보니 자연스럽게 아이와 보내는 시간이 많아졌다. 매일 아이를 자전거 안장에 태워 동네를 돌아다니다 보면 지상철이 지나가거나 지하철 소리가 들리는데 아이는 그때마다 기다렸다는 듯 손가락을 가리키며 "어, 어, 어,"라는 소리를 낸다.

"맞아, 엄마랑 아빠랑 같이 지하철 탔었지?"

나는 잠시 자전거를 세워 지하철이 지나갈 때까지 함께 감상

한다. 아들은 지하철에 반응하고, 포크레인과 덤프트럭을 잘 찾아낸다. 그럴 때마다 어린 아이의 시선이 참 신기하다고 생각한다. 3살 난 아들의 머릿속에 지하철, 포크레인과 덤프트럭이 강렬하게 남아있는 것이다. 성인이 된 우리도 마찬가지다. 우리가 가지고 있는 지식, 그러니까 딱 아는 만큼 세상이 보인다. 지금까지 의식하지 않던 것이 자신에게 새로운 지식이나 정보가 되어 인식될 때 뇌는 새로운 것을 배웠다는 흥분 상태가 되어 선택적 주의가 무의식적으로 반응하기 시작한다. 이렇게 특정한 정보를 처음 접했을 때, 그 정보나 개념이 이후에도 계속해서 반복적으로 등장하는 것처럼 느끼는 현상을 〈바더-마인호프 현상〉이라 부른다. 빨간색 테슬라를 사고 싶으면 길가에서 빨간 테슬라가 더 자주 보이고, 바꾸고 싶은 핸드폰 기종이 생기면 그 모델을 사용하는 사람이 더 많은 것처럼 느껴진다. 실제 3살 아들이 지하철에 반응하는 것은 지하철에 더 많은 주의를 기울이기 때문에 그것이 상대적으로 느낌의 감도도 그에 맞춰 증가하는 것이다.

심리학계는 이 현상을 크게 두 가지 심리 현상이 결합된 결과로 본다. 수많은 정보 사이에서 특정 정보에만 주의를 기울이는 '선택적 주의'와 자신에게 유리한 정보를 모으고 나머지 정보를 무시하려는 '확증 편향'이 합쳐진 것이다. 관심 있다 보니 자연스럽게 눈에 들어오고, 자연스레 다른 정보를 무시하게 되면서 왠지 자주 보이는 것만 같은 착각을 일으킨다. 엄밀히 말하자면 보고 싶은 것만 보려는 마음과 뇌가 일맥상통한 결과라고 할 수 있다.

우리는 주의 메커니즘이 인식을 편향시키는 힘을 가지고 있다는 점을 주의해야 한다. 특정 정보에만 주의를 기울이면 그 정보가 중요하게 느껴지며, 다른 정보는 무시되기 쉽다. 스스로 객관적이라 믿을 수 있지만 이는 인식이 쉽게 왜곡될 수 있다는 사실을 내포한다.

그렇다면 편향된 인식에서 벗어나기 위해 무엇을 해야 할까? 여기서 '비판적 사고'라는 단어가 수면 위로 오른다. 비판적 사고는 편향된 인지를 타파하기 위해 사용되는 것이 아니라 내가 진정으로 바라는 게 무엇인지를 깨닫게 해 주며 동시에 주관적인 가치관을 정립하는 데 도움을 준다. 비판적 사고를 위해서는 검증되지 않은 정보를 흡수하는 습관을 멈춰야 한다. 정보에 대해 질문을 던지고, 출처와 맥락을 주의 깊게 살펴보아야 한다. 특히 특정 정보가 반복적으로 나타날 때, 사람은 그 정보의 중요성을 과대평가하게 되니 반복되는 정보는 더더욱 주의를 기울여야 한다.

혼자 잘 살 수 있을 거라 믿었던 내가 홀연히 떠나려던 공항에서 한 가족을 보고 넓은 시야를 가지게 된 것처럼 한곳에 머물지 않고 삶의 영역을 확장하는 과정이 필요하다. 열린 사고란 거저 얻어지지는 않는다. 자신의 경험이 곧 정답이라 여기는 '꼰대'라는 단어가 회자되는 요즘. 전보다 마음이 좁아져 있진 않은지 한번 더 점검해 볼 필요가 있다. 우리는 개미처럼 작고 세상은 한없이 넓다. 경주마처럼 좁은 시야만 가지고 있다면 결국 언젠가 분별력을 잃고 말 것이다. 눈을 뜨고 더 넓게 보자. 세심하게 상황을 분석하고 걸러낼 건 걸러내자. 역지사지의 관점과 포용의 자세로 생각하다 보면 한 뼘의 여유가 생기기 마련이다. 관점이 넓어진 상태에서 내리는 선택은 지금보다 지혜로울 수밖에 없다.

내가 아는 것이 세상의 다가 아님을 기억해라.

"세계에서 가장 넓은 것은 바다이며,
바다보다 넓은 것은 하늘이고,
하늘보다 넓은 것은 사람의 가슴이다."

빅토르 위고 Victor-Marie Hugo

당연했던 것들이 무너지기 시작할 때
게슈탈트 붕괴 증후군

지금 주변에 거울이 있다면 앞에 서 보자. 거울이 없다면 휴대폰 카메라라도 괜찮다. 내 얼굴을 온전히 들여다볼 수 있으면 된다. 준비가 됐다면 천천히 얼굴을 살펴보자. 어떠한가? 누군가는 어여쁜 내 얼굴에 만족할 수도 있고, 누군가는 새로 생긴 뾰루지를 발견하고 속상해 할 수도 있다.

이제 거울 속에서 가장 이상한 곳을 한번 찾아보자. 무엇이 가장 이상해 보이는가? 나에게는 눈썹이 그렇다. 눈썹은 생각할수록 이상한 존재다. 얼굴의 1/3 지점에 갑자기 수평으로 짧고 얇은 줄 두 개가 그어져 있다는 게 뭔가 이상하지 않은가? 내 말을 듣고 다시 한 번 눈썹을 보자. 이제부터는 눈썹이 조금 이상하게 느껴질 수 있다. 눈썹은 항상 두 눈 위에 존재했음에도 불구하고 이를 인지하는 순간부터 굉장히 낯설게 느껴진다.

눈썹뿐만이 아니다. 어떤 단어를 반복적으로 암기하거나 과도하게 보면, 그 단어에 이질감이 생겨 어색하게 느껴지거나 그 말을 사용하는 데 괴리감이 느껴질 때가 있다. 친숙했던 단어가 갑자기 낯설어 보이고 맞춤법까지 헷갈리는 것이다. 별 건 아니지만 필자는 맥도날드에서 아르바이트를 하다가 갑자기 '햄버거'라는 단어가 낯설게 느껴지는 경험을 한 적이 있었다. 다행히도 며칠 후에 정상으로 돌아왔지만 말이다.

이처럼 특정 대상에 과도하게 몰입한 나머지, 대상의 정의나 개념 등을 잊어버리거나 이질감이 생기는 현상을 〈게슈탈트 붕괴 증후군〉이라고 한다. 이 단어는 엄밀히 말해 제대로 된 학술 용어는 아니다. 게슈탈트는 독일어로 '형태Form'를 의미하는데, 그 자체에 별도로 심오한 뜻이 있지는 않았다. 그러다 일본의 한 커뮤니티에서 게슈탈트의 의미를 확대 해석해 쓰며 우리가 쓰는 신조어처럼 변형됐다. 이들에 의하면 게슈탈트 붕괴는 '원래는 잘 알고 있던 패턴이나 의미가 갑자기 불일치하거나 무너지는 현상'을 뜻한다.

게슈탈트 붕괴는 지나친 긴장과 집중으로 인해 발생한다. 예를 들어 바이올린의 현은 연주할 때를 제외하면 평소에는 느슨하게 풀어놓는다. 현을 늘 팽팽하게 당겨놓으면 정작 중요한 순간에 제 기능을 하지 못하기 때문이다. 인간 역시 무언가에 반복적으로 집중하고 긴장하며 에너지를 소모하면 일종의 인식 혼란을 일으킨다. 정말 중요한 순간에 고장 나 버리고 마는 것이다.

하나에 의미를 부여하고 집중하는 것은 좋은 습관이지만, 실수하지 않으려고 모든 순간에 과도하게 집중한다면 잘하던 일도 실패할 가능성이 높아진다. 하루에 주어진 에너지는 한정되어 있고, 모든 일에 100%를 할애하다가는 며칠을 못 버티고 나가떨어질 것이다. 때때로 우리는 관성에 모든 걸 맡기고 자연스럽게 흘러가는 자세를 취할 필요가 있다. 본디 인생은 힘을 써도 어찌할 수 없는 흐름이 존재하기 때문이다.

우리의 몸은 생각보다 많은 것을 기억하고 자동화할 수 있는 능력을 지니고 있다. 가끔은 흘러가는 물살에 몸을 맡기듯 살아도 된다. 당신이 느끼는 것보다 우리의 몸은 많은 일을 처리할 수 있다. 자기 비하는 이쯤에서 그만두고 내 잠재력을 믿고 맡겨 보자. 긴장을 하면 할수록 몸이 굳어서 물속으로 가라앉을 것이다. 도리어 긴장을 풀고 자연스럽게 몸을 맡기면 오히려 더 나은 결과로 자유로움을 만끽할 수 있다. 바쁜 삶에 치이는 당신. 이 순간 중요한 것은 완벽함이 아니라 지속 가능한 균형이다. 이제부터라도 과도한 집중 대신 적절한 여유를 즐기며 삶의 질을 높여 보자.

한 뼘의 여유가 당신을 실력자로 만든다.

"삶에서 어떤 상황에 봉착하면 이렇게 하라.
먼저 크게 숨을 쉬고, 여유를 가진 후에
무엇을 할지 집중하고 결정하라."

힉슨 그레이시 Rickson Gracie

집착이 섞인 애정으로 파괴당한 동물들의 삶
노아 증후군

지금까지 끊이지 않는 사회적 이슈가 하나 있다. 바로 길거리 고양이들에게 밥을 주거나 거주 공간을 설치하는, 소위 '캣맘'이라고 부르는 이들에 대한 비판이다. 이들의 행동에 주변 거주민은 여러 불편을 호소한다. 고양이들의 울음소리와 분뇨, 쓰레기통을 헤집는 등의 문제로 민원이 속출하는 것이다. 하지만 캣맘들은 단지 고양이가 걱정된다는 이유로 고양이를 직접 거두지 않고 먹이와 집만 제공하려 한다. 이런 행동으로 더 많은 고양이가 생겨나고, 그에 따라 사람들의 불편함이 늘어나는 악순환이 반복된다. 최근에는 이와 관련한 법적 논쟁도 발생했는데, 분명한 사실은 반려동물에 대한 관심이 폭발적으로 늘어났다는 점이다.

"단군 이래로 개와 고양이가 가장 살기 좋은 시대이다."

오늘날의 개와 고양이를 두고 누군가 한 말인데, 정말 사실인 것 같다. 개와 고양이의 식사가 인간이 먹는 음식에 비해 몇 배나 비싸고, 따로 건강관리를 하는 사례를 보면 이 사실을 부정하기 어렵다. 이러한 현상과 더불어 새롭게 발생된 증후군이 있다. 바로 〈노아 증후군Noah syndrome〉이다. 다른 말로는 '애니멀 호딩Animal hoarding'이라고도 하는데, 키울 능력에 비해 과도하게 많은 동물을 키우며 사육자로서의 의무와 책임을 다하지 못하는 것을 말한다. 일례로 최근 프랑스의 한 부부가 열악한 환경에서 166마리의 고양이와 개를 키워 신고당한 사례가 있었다. 이웃의 신고로 출동한 경찰은 동물들이 오물 속에서 살고 있었으며, 대다수가 탈수 상태였고 영양실조에 시달리거나 기생충에 감염되어 있다고 말했다. 법원은 그들을 노아 증후군으로 진단했으며, 동물 학대라는 명목으로 집행유예 1년을 선고했다.

노아 증후군은 얼핏 보면 도움이 필요한 동물을 선한 마음으로 거둬들이는 행위로 비춰진다. 진짜 문제는 동물을 키울 역량을 갖추지 못한 채 동물을 무작정 데려오는 데 있다. 비좁은 공간에 지나치게 많은 동물을 모아, 청결을 유지하지 않고 방치하며, 가족과 이웃에게 폐를 끼친다. 동물 역시 생활의 반경이나 영역이 몹시 중요한데, 그들은 동물의 본능, 필요, 입장을 고려하지 않은 채 마음대로 한 곳에 몰아넣을 뿐만 아니라 제대로 밥을 먹이지 못해 죽음을 맞이하게 만든다. 그럼에도 노아 증후군에 걸린 사람은 스스로 동물을 사랑한다고 굳게 믿는다.

사람의 호의와 동물이 실제 필요로 하는 것은 별개의 영역임에도 불구하고 동물을 향한 애정만으로 그들의 삶을 파괴하고 있는 것이다. 이것은 사랑이 아니라 '애정'이라는 이름으로 가장한 일방적 폭력이 아닐까. 사랑은 단지 호의만으로 이루어지지 않는다. 노아 증후군의 문제는 자신의 애정을 동물의 필요보다 더 중시하는 일방적인 태도에 있다. 진정한 사랑은 상대의 입장을 먼저 고려하고, 그들이 무엇을 원하는지를 이해하는 데서 시작된다. 동물에게는 인간의 일방적 애정이 아닌 본능적 필요와 자유를 존중하는 환경이 필요하다. 사랑이라는 이름으로 행해지는 행동이 정말로 상대에게 사랑으로 닿는지, 우리는 항상 되돌아보아야 한다.

더 이상 사람에게 상처 받기 싫은 사람들
고슴도치 딜레마

언젠가 자연스럽게 친해졌다고 생각한 동생과 대화를 하며 놀란 적이 있다. 누군가에게 느끼는 친밀감이 오랜만이라는 동생은 필요 이상으로 가까워지는 게 두렵다고 했다. 그 이유를 물으니, 내가 친해지고 싶은 사람이 나를 더 잘 알게 될수록 '나'를 향한 실망감이 커지고, '나'를 본인보다 아래로 생각할까 봐 걱정된다는 것이다. 기가 죽은 표정으로 말하는 그의 태도에 나는 깊은 안타까움을 느꼈다.

어릴 적만 해도 친구 관계를 쌓아가는 일에 따져야 할 조건이 많지 않았다. 마음이 맞거나 집이 가깝고, 아무것도 하지 않아도 마음이 편하면 금방 친구가 됐다. 우정은 우리에게 기쁨을 선사해 주었지만, 영원한 것은 없었다. 과도하게 치대서 끈적이는 인절미처럼 엉겨 붙는 관계가 되어 사소한 것에도 싸우고, 어린아이처럼 어이없는 이유로 상대에게 상처를 주는 관계를 겪으며 인간관계법은 고도화되어 간다. 개인화된 생활양식이 강화되면서 타자와 관계 맺기에 두려움을 느끼는 세대와 어울리며 살아가다 보니, 대인관계가 그리 좋지 못한 내가 무척 활달한 사람으로 치부되는 현실이 새삼 낯설다.

고슴도치 딜레마는 독일의 철학자 쇼펜하우어가 1851년 발표한 저서 《소논문집과 보충논문집 Parerga und Paralipomen》에 고슴도치 우화가 등장한 게 용어의 기원이다. 추운 겨울날, 몇 마리의 고슴도치가 모여 있었는데 가까이 다가갈수록 그들의 바늘이 서로를 찔러서 결국 떨어질 수밖에 없었다. 그러나 추위는 다시 고슴도치들을 모이게 만들었고, 똑같은 과정을 반복한 고슴도치들은 서로 최소한의 간격을 두는 게 가장 좋은 방법이라는 사실을 발견한다. 실제로도 고슴도치들은 바늘이 없는 머리를 맞대어 체온을 유지하거나 잠을 잔다고 한다. 여러 번의 시행착오를 통해 그 누구도 상처받지 않는 방법을 찾아낸 것이다. 사회의 진보에 따라 인간은 무례함과 상처로부터 보호받기 위해 적당한 거리를 지키는 규칙, '예의'를 만들어 냈다. 예의는 타자와 관계 맺기에 있어 적당한 온기를 느낄 수 있는 도구 역할을 했다. 그러나 현재를 사는 고슴도치들은 타자를 과도하게 의심하거나, 혹여 내가 타자에게 상처를 입힐 수 있으리라 생각해 고립을 택한다.

실제로 벌어지지 않은 상황에 사로잡히고, 자신을 보호하기 위해 한껏 치켜세운 가시에 정작 본인이 찔리면서까지 타자의 접근을 의심하는 사람이 늘고 있다. 매일 뉴스에서는 기상천외한 사건들이 보도되고, 사람들의 공포심을 자극하는 것뿐만 아니라 '남 생각할 시간에 너부터 생각해'라는 말이 드라마와 영화, 웹툰에서 손쉽게 접해지기도 하니 상대에 대한 궁금증보다 의심부터 하는 고슴도치들이 생겨나는 것은 어찌 보면 자연스러운 이치다.

하지만 살아가면서 어찌 상처 하나 없이 살아갈 수 있을까? 내가 타자에게 상처를 입히지 않으려 해도, 서로 느끼는 감정이나 고통의 차이는 우리 손가락의 지문처럼 각양각색이다. 내가 느끼는 것을 그대로 느끼는 사람을 만나 서로 상처를 주지도, 받지도 않을 가능성은 로또 당첨보다 더 희박할 것이다.

그렇다면 이렇게 생각해 보면 어떨까? 상처라는 것은 생명에 치명상만 주지 않는다면 몸의 면역성과 회복력에 도움이 되는 자극이다. 아픈 것을 즐기고 좋아하는 사람은 극히 적겠으나, 그럼에도 상처받지 않은 사람처럼 마음을 주고받는 진솔한 관계를 맺어보면 어떨까? 손바닥이 부딪혀야 박수 소리가 나듯 거리만 둔다면 원하는 관계는 절대 얻지 못한다. 그간 받은 상처로 사람이 두려운 건 알지만 당신에게 꼭 맞는 사람은 반드시 나타날 것이다. 세상의 모든 고슴도치들이 차가운 겨울바람을 서로의 온기로 버텨 나갈 수 있기를.

"내 경험에 따르면

사람은 지속적 보상을 얻기 위해

어떤 형태로든 인간 관계에 의존할 수는 없다.

정말로 만족감을 주는 것은 일Work 뿐이다."

톰 피터스 Tom Peters

진짜 사랑을 겪은 사람만 느낀다는 '이것'
상심 증후군

"로테, 로테 한마디만! 잘 있으라는 작별 인사만이라도!"

소설 《젊은 베르테르의 슬픔》에서 로테를 향한 베르테르의 가슴 절절한 외침은 많은 이들에게 큰 울림을 자아낸다. 여담이지만 롯데 그룹의 창업주 신격호 회장이 그룹의 이름을 '롯데'라고 지은 것도 《젊은 베르테르의 슬픔》에서 따왔다는 이야기가 있다. 우리는 진정으로 사랑했던 사람을 잃었을 때 가슴이 찢어지는 듯한 고통을 느낀다. 연인뿐만 아니라 부모, 친구, 몇십 년 동안 함께해 온 반려동물인도 마찬가지다. 물론 다른 상황도 있다. 2022년 카타르 월드컵에서 아르헨티나가 우승한 후 메시의 팬이었던 어떤 남성은 트위터에 '오늘은 내 생애 최고의 날이다!'라는 글을 게시한 후 우승을 기뻐하다 2시간 만에 심장마비로 사망한 사건도 있다.

이처럼 극심한 스트레스를 받거나 너무 기쁘고 황홀할 때 몸과 마음이 급격하게 상할 수 있다. 이럴 때 나타나는 현상을 〈상심傷心 증후군〉 혹은 〈상실 심장 증후군Broken heart disease〉이라고 부른다. 전문적인 의학 용어로 상심 증후군은 〈타코츠보 증후군Takotsubo syndrome〉라고 한다. 일본에서 처음 발견되어 이름이 붙여진 이 증후군은 심장 초음파 검사에서 좌심실이 수축되어 위쪽이 부풀어 오르는 모습이 마치 일본에서 쓰이는 문어 잡는 항아리 '타코츠보'와 비슷하다고 하여 붙여진 이름이다.

이렇게 보면 소설이나 시에서 쓰이는 '마음이 극도로 기쁘거나 아프면 가슴을 쥐어짜는 것만 같다'라는 표현이 단순한 문학적인 비유가 아님을 알 수 있다. 사랑을 절절하게 해본 사람만이 아는 이 느낌은 의외로 많은 이들이 알고 있다. 괴테의 소설《젊은 베르테르의 슬픔》이 바로 이런 사랑을 찬양하지 않았던가. 베르테르는 진정한 사랑 '로테'를 만나지만 그녀와 자신 사이에 넘어설 수 없는 수많은 강법과 규율, 논리와 이성이 존재함을 깨닫고 단지 바라보는 데에만 그쳐야만 했다. 그는 자신의 사랑이 결코 이루어질 수 없는 사랑임을 깨닫고 현실과 꿈 사이의 괴리 속에서 끝내 죽음을 맞이한다. 아름다운 낭만주의자가 선택한 비극적 결말이다. 흥미로운 점은《젊은 베르테르의 슬픔》이 출간된 직후, 많은 젊은이들이 깊이 동화되어 그의 복장을 따라 입고 자살했다는 사실이다. 이를 '베르테르 효과'라고 한다. 단순한 공감을 넘어서, 소설을 읽은 젊은이들 역시 자신의 이룰 수 없는 사랑을 깨닫고 심리적 동조로 삶의 끈을 놓은 것이다. 이 밖으로 유명 연예인이 스스로 죽음을 택하고 나서 자살률이 일시적으로 증가하는 사례도 있다.

지금 상실과 고통으로 인해 힘든 시간을 보내고 있는가? 당신은 혼자가 아니다. 많은 사람이 같은 감정을 경험하고, 그 과정에서 고통을 겪고 있다. 상실과 고통은 삶에서 불가피한 부분이지만, 어떻게 받아들이고 극복할지는 우리에게 달려있다. 상심 증후군을 통해 우리는 인간의 감정과 신체가 어떻게 상호작용하는지 알고, 이를 바탕으로 더 나은 정신적, 신체적 건강을 추구할 수 있다. 가장 현명한 대처법은 그 아픔을 천천히 받아들이고, 그것을 발판 삼아 더욱 성숙한 관계를 추구하는 것이다. 사랑하는 존재의 상실은 누구에게나 큰 상처다. 하지만 그 상처 속에서 우리는 자신을 더 깊이 이해하고, 더 강한 사람이 될 수 있는 기회를 발견할 수 있다. 사랑과 상실은 삶의 일부이며, 상실로 진짜 사랑을 배울 수 있다. 이 과정이 있어야만 덜 후회하며 현재의 사랑에 더 감사하고 몰입할 수 있다.

무엇보다 당신은 혼자가 아니라는 사실을 항상 기억하라. 주변에는 당신을 이해하고 지지해 줄 사람들이 있다. 그들과 함께라면 어떤 어려움도 극복할 수 있다. 지금 겪고 있는 고통 또한 언젠가는 당신의 삶을 더 풍요롭게 만드는 자양분이 될 것이다. 고통 없는 성장은 없다. 우린 이별을 통해 더 나은 사람이 될 수 있다.

"오늘 우리가 겪는 모든 힘든 시기는
내일 우리가 웃으며 이야기할 수 있는
'좋은 시절'이 될 것이다."

아론 라우리젠 Aaron Lauritsen

보고 있지만 당신은 보지 못했다
보이지 않는 고릴라

얼마 전, 친하게 지내던 지인과 아주 별것 아닌 일로 말다툼까지 번지게 됐다. 정확히 말다툼이라기보다 사실 관계를 바로잡고자 하는 나의 의지에 가까웠는데, 지인은 내가 한 번도 하지 않은 말을 하며 잘못을 꼬집었다. 그런 말을 한 적이 없다며 계속 따지고 묻다 분명히 했다는 지인의 단호함에 먼저 사과를 하고 상황을 매듭지었다.

누구나 살면서 한 번쯤 이런 경험이 있을 것이다. 생각 없이 말을 뱉어 기억을 못하는 경우도 있고, 전혀 연관이 없는 말인데 상대가 자신의 생각에 빠져 왜곡되게 받아들일 때도 있다. 어느 쪽이든 억울한 입장이 생기기 마련인데, 이를 뒷받침할 재밌는 현상이 있다.

1999년 하버드대에서 심리학자 크리스토퍼 차브리스와 대니얼 사이먼스 교수는 망각을 설명할 아주 특별한 실험을 진행했다. 그들은 참가자들을 모은 후 흰 셔츠와 검은 셔츠를 입은 두 팀으로 나뉜 여섯 명의 학생이 농구공을 주고받는 영상을 틀어

준다. 이들이 받은 미션은 아주 간단했다. 영상 속, 흰 셔츠를 입은 사람이 농구공을 패스한 횟수를 세는 것. 영상이 시작되자 참가자들은 영상에 집중해 열심히 횟수를 셌고, 크리스토퍼와 대니얼 교수는 참가자들에게 예상하지 못한 질문을 던졌다.

'혹시 영상 속에서 등장한 고릴라를 보셨나요?'

참가자들은 이게 무슨 뜬금없는 소리인가 생각했다. 그들이 본 영상 속에는 6명의 사람이 서로 농구공을 주고받았을 뿐, 고릴라는 확인하지 못했기 때문이다. 그러자 교수는 그들이 본 영상을 다시 재생해줬고, 6명의 사람이 공을 주고받는 사이로 고릴라가 등장해 가슴을 통통 치며 사람들 사이를 유유히 가로질러 간 모습을 보며 참가자들은 패닉에 빠졌다. 하버드에서 진행한 이 실험은 '우리가 특정한 무언가에 집중할 때 예상치 못한 상황이 벌어져도 알아차리지 못하는 현상', 즉 무주의 맹시Inattentional blindness에 대해 설명한다. 우리가 무엇인가에 빠져 온전히 몰입할 때, 우리의 뇌는 자신이 정한 확고한 목표 외 다른 상황을 쉽사리 인지하지 못한다는 것이다. 이는 인간에게만 해당되는 이론은 아니다. 인간을 포함한 모든 동물은 생존을 위해 주의를 기울이고 한 가지에 집중하는 능력을 키워왔다. 이는 먹잇감을 찾기 위해서, 혹은 포식자로부터 도망치기 위해서 효율적으로 특화된 능력이다. 얼룩말을 잡으려는 사자의 집중력, 그리고 사자로부터 죽지 않기 위해 온 힘으로 도망가는 얼룩말의 집중력도 이것을 뒷받침하는 예다.

앞서 지인은 자신이 친구들 사이에서 받고 있는 무시와 차별적인 대우에 대해 토로하는 중이었다. 그리고 나는 주변 사람들에 대한 비관적인 말을 쏟아내고 있던 그를 위로하기 위해 열심히 들으며 공감해 주고 있었다. 문제가 있었다면, 대화 중간에 걸려 온 급한 전화를 받은 게 아닐까 싶다. 그 뒤로 나를 바라보는 시선이 변한 게 느껴졌는데, 내가 전화를 받는 동안 본인을 무시했다고 느낀 듯했다. 내가 그에게 친절을 베풀고 공감하기 위해 노력하는 자세는 보지 못한 채 오직 자신의 입장에서만 '무시'와 '차별'이라는 단어로 나를 이입해 바라본 것이다. 고릴라 실험에 비유하자면, 그는 자기 스스로 '이 사람은 날 얼마나 무시하고 차별하는지 지켜보자'가 기준이었고, 내가 그에게 베푼 친절은 마치 '보이지 않는 고릴라'와 같았다.

우리 주변에도 이러한 사람이 있다. 흔히 답정너[3]라 불리는 질문을 하는 사람들. "내가 볼 때 쟤는 좀 이상한 애 같은데 넌 어때?", "나 되게 쓸모없는 사람이지?"라는 식의 질문들. 그들은 하

---
3 '답은 정해져있고 너는 대답만 하면 돼.'의 줄임말

나 같이 정해진 답을 위해 질문한다. 질문의 목적이 "나 쟤가 마음에 안 드니까 너도 마음에 들지 않는다고 말해", "나 쓸모 있다고 말해"와 같다. 그리고 그들이 정해놓은 답과 다른 답을 내놓으면 실망하고 외면한다. 나이가 들어가면서 서서히 두려워지는 건 '내가 옳다고 생각하는 가치가 아집이 되는 건 아닐까' 하는 두려움이다. 많은 사람이 아집을 가치라 고집하고, 생각이 다르면 '잘 몰라서 그런다', '아직 어려서 그래', '별로인 사람이라 그래' 등으로 합리화하고 만다. 눈앞에 고릴라가 지나가고 있음에도 자신이 바라보는 것 외엔 보지 못하는 것이다.

그래서 나는 아집으로 가득 찬 사람이 되지 않기 위해 세 가지 말을 쓰지 않겠다고 다짐했다.

1. "내가 옳아"
2. "넌 틀렸어"
3. "그건 원래 그런 거야"

누구나 틀릴 수 있기에 나는 어디 가서 내 의견이 맞는다고 우기지 않는다. 그리고 가능한 상황을 객관적으로 보려고 노력하는 편이다. 내가 본 것, 내가 알고 있는 것이 전부가 아닐 수도 있다는 생각을 하다 보니 실수가 줄어들었다. 실수가 줄어드니 자연스레 사람들과의 마찰도 줄어들었다. 보고 싶은 것만 보고 믿고 싶은 것만 믿고 살 수는 없다. 내 시야가 A라면 세상은 A로 귀결될 수밖에 없다. A부터 Z까지의 시야를 가진 사람은 틀린 것이 아닌 다름으로 인정할 줄 알기에 우리도 단편적인 것만 보고 판단하는 습관을 버리고 넓은 관점을 가져야 한다.

다수의 의견은 정말 옳은 것일까?
침묵의 나선

초등학교 시절 반장 선거를 하면 여러 명의 후보가 나서서 각자 자신의 포부를 연설한 후, 거수투표로 반장을 뽑았던 기억이 난다. 그때 선생님께서 내가 뽑고 싶은 친구 A의 이름을 호명했는데 아무도 손을 들지 않자 순간적으로 손을 슬며시 내린 경험이 있다. 그때 마주쳤던 친구의 서운한 눈빛을 지금도 잊을 수 없다. 결국 이날의 반장 선거는 또 다른 후보였던 친구 B에게 표가 몰렸고 나는 한동안 친구 A와 소원한 사이로 지냈다.

다수의 의견을 따르는 분위기에 주관적인 의견은 자주 묵살된다. 이런 경험은 〈침묵의 나선 이론Spiral of Silence Theory〉으로 설명할 수 있다. 독일의 사회과학자 엘리자베스 노엘레-노이만Elisabeth Noelle-Neumann은 하나의 특정 의견이 다수에게 인정되는 상황이면, 그와 반대되는 의견을 가진 소수의 사람이 고립과 배척을 두려워해 침묵하는 경향을 보인다고 설명했다. 그 결과, 다수에게 인정받는 의견은 실제보다 더욱 크게 영향력을 확장하며 절대적인 위치를 차지하게 된다.

20세기 구조주의 기반 인문학에서 가장 중요한 인물 중 한 명으로 손꼽히는 프랑스 철학자 미셸 푸코Michel Foucault는 권력 이론을 통해 침묵의 나선에 대한 깊이 있는 이해를 더했다. 푸코는 현대의 권력은 생산적이며 특히 지식과 결합하여 모두가 따르게 되는 사회적 규범을 형성한다고 주장했다. 그로 인해 특정 담론을 대중의 의견처럼 만들고, 이를 통해 사회 통제를 강화한다는 논리다. 이는 침묵의 나선에서 다수의 의견이 어떻게 지배적 담론으로 자리 잡고, 소수의 의견을 억압하는지를 잘 설명한다.

이런 현상이 왜 쉽게 목격되는 것일까? 이는 인간이 가진 사회적 고립에 대한 두려움 때문이다. 어떤 사람이든 집단의 일원으로 인정받기를 원하기 때문에 소속감에 대한 본능적 심리 사회에서 발생하는 여론을 관찰하고, 여론에 자신의 의견을 맡기고자 한다. 이에 다수의 의견은 자연스럽게 편향성을 지니게 되고 이러한 이유로 언제나 다수의 의견이 승리하는 구조가 완성된다.

아주 오래전 태양이 지구를 돈다는 '천동설'이 갈릴레이에 의해 반박되기까지 천동설은 천 년 동안 절대적인 개념이었다. 많은 연구자의 보증과 더불어 종교의 권위까지 뒷받침되었기 때문에 천동설에 대한 의심은 세상의 기본 원리에 감히 도전하는 행위였다. 물론 누군가는 '정말일까?'라고 의심을 품을 수도 있겠으나 지배하는 의견은 상상보다 훨씬 더 강력해서 우릴 암묵적으로 만든다. 설사 다른 생각을 했더라도 지배적 의견으로 다시 회귀할 수밖에 없는 흐름에 이끌리게 된다. 고요한 침묵 속에서 갈릴레이는 그동안 믿어온 상식이 잘못되었다고 목소리를 냈다. 그리고 기어코 우주에 대한 상식을 자연의 법칙대로 다시 돌려 놓았다.

우리는 침묵의 나선을 실생활에 대입하여 소수의 의견에 대한 고찰을 이어가야만 한다. 스티브 잡스의 애플 광고에서 말하듯 진정으로 세상을 바꾸는 사람들은 소위 말하는 미친 사람들 Crazy ones과 어디에도 끼지 못하는 사람들 Misfits이다. 그들은 모두가 'Yes'를 외칠 때 'No, it doesn't'를 외칠 만큼 자신이 믿는 바를 위하여 신념을 바칠 수 있는 사람이다. 다수의 의견이 항상 '옳음'으로 정의하지 말고, 그들이 생각하는 방식을 한 번쯤은 고찰해 보길 바란다. 그 순간 당신은 2가지 결론에 도달할 수 있다.

첫째, 생각보다 많은 사람들이 '깊은 사색' 없이 다수의 의견으로
    그대로 믿어 버린다는 사실.
둘째, 의견의 본질을 고민해 보면 그간 몰랐던 사실을 발견하게
    된다는 통찰.

침묵의 나선은 본질에 대한 고찰과 뗄 수 없는 관계다. 그 누구도 의심한 적 없는 의견에 도전장을 내밀어 왜 그것이 그러한지, 본질에 대해 생각할 줄 알아야 한다. '그건 원래 그런 거야'라는 말만큼 무지성한 문장이 없음을 기억하라. 본질을 사고하는 습관을 기르면 우리는 그 어떤 지배적 의견에도 흔들리지 않고 진실을 볼 수 있는 선구안을 가질 수 있을 것이다.

"자신의 뜻을 바꾸지 않고 평생 지조를 지켜온 사람이라면
누구든 역사의 주인공이 될 수 있다."

사마천 Sima Qian

기대하는 게 많을수록 우울해진다면
파리 증후군

 누구에게나 언젠가 꼭 가보고 싶은 로망의 나라가 있다. 내게 그곳은 네덜란드의 암스테르담이었다. 한때 아는 작가님과 이야기를 나누며 품게 된 로망이다. 그 작가님 역시 암스테르담에 가 본 적은 없었지만, 이곳을 배경으로 집필 중인 글의 일부를 보여준 적이 있다. 도시를 가로지르는 운하를 바라보며 갓 내린 커피를 마시고, 트램을 타고 도착한 반 고흐 미술관에서 고요히 작품을 보는 모습이 그려졌다. 화창한 날과 초록빛 공원 그리고 여유로운 표정을 짓고 있는 사람들. 그 글을 읽고 나니 죽기 전에 꼭 한 번 암스테르담에 가 보고 싶다는 생각이 들었다. 그 후로 우리는 종종 고흐의 작품과 풍차, 그리고 튤립이 가득한 암스테르담의 아름다움에 대해 떠들곤 했다.

 시간이 지난 후 그 작가님을 다시 만났을 땐 그 사이 암스테르담에 다녀왔다고 했다. 하지만 예상과 다르게 그는 '실망스러웠다'라고 답했다. 풍차와 튤립, 예술 작품이 가득할 것으로 기대했지만, 실제 암스테르담은 성매매와 대마초가 합법화된 곳이라 운

하 주변으로 각종 환락과 밤 문화가 펼쳐져 있었다고 한다.

암스테르담이 실제로 실망스러운 곳인지 아닌지, 가 보지 않는 나로선 도통 알 턱이 없지만 이렇게 우리는 종종 상상했던 것과 실제가 너무 다를 때 심정적인 충격을 경험한다. 이런 현상을 〈파리 증후군〉이라 부른다. 1991년 일본의 정신과 의사 오타 히로아키에 의해 처음 정의된 이 용어는 평소 동경하던 곳에 갔을 때 현실의 괴리를 극복하지 못하고 피해망상이나 우울을 겪는 적응장애를 뜻한다. 80년대 경제 호황을 누리던 일본인들은 유럽에 대한 로망을 가지고 자유 여행을 떠나곤 했는데 이때 고상하고 낭만적인 이미지와 다르게 불안한 치안과 더러운 거리에 20~30대 일본인 여성들이 심리적 충격을 받았다고 한다. 기대와 다른 현실에 스트레스와 실망감이 중첩되어 정신적, 신체적 문제를 느낀 것이다.

우리는 이미 실생활에서 파리 증후군과 비슷한 사례를 어렵지 않게 찾아볼 수 있다. 나는 한때 '절이 싫으면 중이 떠나야지'라는 표현을 하곤 했다. 현재 몸담고 있는 분야에서 일어나는 더러운 현실에 대해 너무 깊숙이 알아버린 것이다. 타인을 비방하고 싶진 않았으나 동시에 똑같은 현실에서 살고 싶지도 않았다. 이 짧은 이야기는 2년 전으로 거슬러 올라간다.

숏폼이 지금처럼 유행하지 않았던 시절, 하고 있던 사업을 홍보하기 위해 시작한 인스타그램 계정은 1년 만에 10만 팔로워를 달성하며 빠르게 성장했다. 그 덕분에 자기 계발, 동기부여에서 활동하고 있는 다양한 사람을 만날 수 있었다. 당시 인스타그램에서 높은 팔로워를 가지고 있는 사람들에 대한 환상이 있던 나는 그들을 만난 순간, 기대한 모든 것이 깨지고 말았다. 처음 만난 자리에서 성적인 발언, 유흥에 대한 제안당시 나는 결혼한 상태였다, 시큰둥한 태도, 언행, 허세, 사기성 발언으로 가득한 모습에 허탈감을 느낀 것이다. 물론 훌륭하고 좋은 사람들도 많이 만났지만 그간 품었던 환상이 와장창 깨진 것 또한 사실이었다.

이상과 현실의 격차. 파리 증후군 현상은 의외로 일상에서 쉽게 볼 수 있다. 가 보지 않은 맛집과 이미 먹어본 맛집과 같은 차이일 수도 있고, 그토록 입사를 바라던 대기업과 그 안에서 일어나는 현실의 차이일 수도 있다. 그것이 무엇이든 우리에게 중요한 것은 지나치게 큰 이상을 바라지 않는 마음과 괴리감에 휘둘리지 않는 줏대이다. 이상과 현실 좀 다르면 어떤가? 인생은 기대의 연속. 그 안에서 우린 행복을 찾고야 말 것이다. 기대를 품는 것이 꼭 나쁜 것만은 아니다. 희망과 바람이 없다면 삶의 의미가 흐려지지 않겠는가? 그러니 희망을 품고 있는 힘껏 노력하라.

주어진 현실과 환상 사이에서 중심을 잡을 수 있다면 두려움보다 만족감을 더 크게 느끼며 살 수 있을 것이다.

"절망하지 말라.
그렇지만 설령 절망해도 절망 속에 일하라."

에드먼드 버크 Edmund Burke

쓸데없는 걸 알면서도 물건 사는 이유
디드로 효과

현대 사회에서 소비는 필요의 영역을 넘어선 지 오래다. 단순한 필요의 소비만 있었다면 우리는 바퀴가 4개인 자동차에 무조건 만족해야 하며, 휴대폰도 전화와 문자만 가능하다면 기종이 무엇인지 신경 쓰지 말아야 한다. 그러나 요즘은 소비로 나를 드러내는 게 일련의 방식이기에 여러 가지 방식이 파생되고 있다. 단순한 소비에 좋고 나쁨은 없지만 무분별한 과소비는 다소 조절할 필요가 있어 보이기도 한다.

곪아가는 소비형태를 쉽게 설명할 수 있는 게 바로 〈디드로 효과Diderot Effect〉다. 새로운 물건을 구매하면 그 물건에 어울리는 다른 물건을 계속해서 구매하는 현상이다. 비싼 코트를 구매하면 코트에 어울리는 셔츠와 바지, 신발을 함께 구매하고, 새로운 핸드폰을 장만하면 그에 어울리는 케이스, 악세사리, 이어폰을 함께 구매한다. 핸드폰만 바꾸려 했으나 끝에 가 보면 소위 말하는 깔맞춤을 위해 파생 제품을 모두 구매하는 것이다.

'앱등이'라는 말을 아는가? 앱등이는 애플 제품을 열혈적으로 선호하는 애플 매니아를 일컫는데 이들은 애플폰을 사게 되면, 그 폰을 위해서 다른 애플 제품들도 연달아 구매해 제품 라인업를 유지하려 한다. 애플 마니아들은 아이폰 이외에도 아이패드, 애플워치, 에어팟, 맥북 등 다양한 제품을 모두 마련할 때까지 소비를 멈추지 않는다. 이유를 물어보면, 기왕 사는 김에 모두 맞추려는 거라며 시니컬한 대답을 내놓기도 한다.

실제로 애플 제품을 이용하는 나 역시 새로운 제품을 구경하러 애플 스토어에 가면 디드로 효과에 사로잡히는 느낌을 받는다. 사실 아이패드가 특별히 필요하지도 않으면서 최신형 아이패드를 이리저리 사용해 보며, 이 제품이 필요한 이유를 스스로에게 설명하고 있는 거다. 이미 머리는 이 제품이 얼마나 훌륭하며, 내 삶을 얼마나 편하고 흥미진진하게 만들어 줄 수 있는지 생각하고 있다. 그리고 5분이 채 지나지 않아 구매를 위해 카운터로 향하는 모습을 보게 된다. 재밌는 것은 시리즈처럼 하나씩 모아가는 '과정의 즐거움'을 느끼고 있다는 점이다.

디드로 효과는 내 경험처럼 소비자의 무의식을 충동질하기에, 결과적으로 불필요한 구매를 야기하고 과소비를 촉진시킨다. 물론 기업의 놀라운 전략이라고 말할 수도 있겠으나 소비에 대한 제동장치를 가진 사람이 극소수라는 점을 감안한다면 과한 소비에 노출된 고객의 수는 이미 상상을 초월할 수준이다.

자본주의인 현대 사회에서 소비는 필수불가결하다. 건전한 소비는 오히려 경제의 선순환을 불러일으킨다는 사실은 의심할 여지가 없다. 그러나 자신의 수입을 넘어서는 무절제한 소비는 오히려 허영을 부추기고 실속을 챙길 수 없기에 철저하게 지양될 필요가 있다. 이미 당근마켓에 그 증거들이 모여 있지 않은가.

당신은 소비의 제동장치를 가지고 있는가? 우리의 생각과 감정에 끊임없이 침투하려는 소비 공세에 당신은 어떤 방어벽을 세우고 있는지 지갑에 들어 있는 카드를 보며 소비 습관을 한번 점검해 보기를 권한다.

"세상에 많은 사람들이
내가 진정 원하지 않는 것을 사는 것에 돈을 소비한다.
자신들이 싫어하는 사람들에게
깊은 인상을 주기 위해서 말이다."

월 로저스 Will Rogers

극한의 외로움을 해결하는 방법
외로움의 전염

영화나 드라마에 종종 나오는 장면이 있다. 유부남이 신나게 친구와 술잔을 부딪치고 있을 때 10시 정각에 걸려 오는 와이프 전화에 한숨을 쉬며 집으로 돌아가고, 솔로인 친구는 그런 친구를 안타깝게 바라보며 위로하는 모습이다. 유부남은 집으로 돌아가다가 솔로인 친구에게 꼭 이런 말도 남긴다.

"친구야, 결혼은 꼭 늦게 해라. 그게 진짜 행복한 거야."

나 역시 결혼을 했고, 아이도 있지만 결혼을 아직 하지 않은 친구를 만나 저녁을 먹고 수다를 떨다 보면 영화나 드라마와 달리 정반대의 일이 펼쳐진다. 나는 얼른 집에 들어가서 휴식을 취하고 가족들과 잠자리에 들고 싶지만, 결혼을 하지 않은 친구는 밤이 늦었는데도 조금이라도 늦게 집에 들어가고 싶다며 나를 붙잡는다. 누가 보면 굉장히 스위트한 남편의 모습이라 생각할 수 있으나 사실 내가 빨리 돌아가고 싶은 이유는 친구가 내뿜는 외로움이 나에게까지 전파되는 게 마냥 내키지만은 않기 때문이다. 물론 친구의 상황을 이해하지 못하는 것은 아니다. 나와 헤어지고 나면 아무도 없는 쓸쓸한 집으로 들어가는 사실을 안다. 그것을 모르는 것이 아니기에 나도 어떻게든 함께 시간을 더 보내주려 하지만 사실 외로움이 주는 전염은 우리의 생각보다 강한 힘을 가지고 있다.

실제 하버드 의대에서 진행한 실험에 따르면, 한 사람이 외로움을 표현한 순간부터 주변에 있는 사람들 52%가 외로움을 느낀다고 조사되었다. 외로움은 사회적으로 가까운 관계일수록 전염 속도와 증상이 더욱 증가하는데, 앞선 사례처럼 친한 친구 관계라면 그 증상이 미치는 속도와 영향이 더욱 강해진다. 그렇다면 외로움이 전파되는 이유는 무엇일까? 우리는 어떠한 이유로 상대방의 외로움에 영향을 받게 되는 걸까?

외로움은 의식의 통로로만 전달되지 않는다. 우리는 자신의 외로움과 우울감을 상대에게 반복적으로 비춰내면, 상대가 부담을 가질 거라 생각하기 때문에 의식적으로는 이를 감춰보려 하지만 무의식은 여전히 외로움과 우울감을 느끼고 있다는 사실을 은연중에 표출하게 한다. 상대와 교감을 통해 느끼는 여러 요소 중 70% 이상이 비언어적 표현을 통해 전달된다고 하지 않는가. 의식적으로 표현을 억제하더라도 결국 표정, 몸짓, 기운 등을 통해 감정은 타인에게 전달된다.

내가 알게 모르게 짓는 표정이나 행동, 그리고 단어 선택 등 우리가 일상에서 가지는 모든 표현이 반드시 의식의 영역을 거쳐 발현되는 것은 아니다. 대부분 사람은 상대방에게 나의 외로움을 전염시키며, 심지어 상대방은 자신이 전염되고 있다는 사실을 모르는 경우도 허다하다. 그렇다면 어떻게 해야 이 무의식적 피해를 막을 수 있을까? 답은 정해져 있다. 전염의 본질적 문제인 근본적 외로움을 해결해야 한다.

외로움을 해소하는 본질적인 해결책은 관계에서 충만함을 느끼는 것이다. 외로움은 단순히 누군가와 시간을 함께 보낸다고 해서 해결되지 않는다. 보이는 관계보다는 서로 오고 가는 무의식적 애정이 더욱 중요하며 연인과의 애정과 깊은 우정도 큰 도움이 된다. 인간은 어떻게 사랑을 받고, 또 사랑을 표현하는지에 따라 외로움의 빈 컵이 채워진다. 내적 친밀감을 느낄 수 있는 지인들이 있고, 기댈 수 있는 사람과 따뜻한 언어를 주고받을 수 있다면 외로움은 안개처럼 서서히 사라진다.

미국의 결혼 상담가이자 베스트셀러 저자인 게리 채프먼Gary Chapman은 '사랑의 5가지 언어'를 통해 사람들이 마음을 주고받는 방식을 다섯 가지로 분류한다. 이를 통해 우리는 우리의 외로움을 근본적으로 치유하고, 타인의 외로움에 긍정적으로 반응할 수 있을 것이다.

〈사랑의 5가지 언어〉

1. 인정의 말Words of Affirmation: 우리는 일상 속에서 상대방의 작은 노력을 간과하곤 한다. 그러나 진심 어린 한마디는 상대의 존재를 인정하는 가장 직접적인 방식이다. 자신의 가치를 다시금 느낄 수 있도록 하는 고마움이나 칭찬을 전하고 듣는 것이 큰 도움이 된다.

2. 함께하는 시간Quality Time: 외로움을 겪는 사람에게 진정 필요한 것은 단순한 동행이 아닌, 질 높은 시간이다. 가까운 사람과 의미 있는 시간을 가져보자. 함께 영화를 볼 수도 있고 커피를 마실 수도 있다. 단순히 시간을 때우는 것이 아닌, 진정한 소통의 시간이 될 수만 있으면 된다.

3. 선물Receiving Gifts: 선물은 단순한 물질적인 교환을 넘어, 상대를 생각하는 마음을 담아 전달하는 사랑의 표현이다. 작은 물건을 통해 '당신을 생각하고 있어'라는 메시지를 전하면, 상대는 자신의 존재가 중요하다는 사실을 알게 될 것이다.

4. 봉사Acts of Service: 누군가를 위해 작은 배려를 실천하는 행동은 관계를 강화하는 강력한 도구다. 가까운 사람이 힘들어할 때, 작은 도움을 내밀어 그들이 외롭지 않다고 느끼게 해 보자. 봉사는 우리가 서로에게 얼마나 중요한 존재인지 깨닫게 하며, 외로움을 서로 채워 준다.

5. 스킨십Physical Touch: 신체적 접촉은 외로움을 치유하는 가장 본능적인 방법이다. 따뜻한 포옹이나 가벼운 터치는 말로 설명할 수 없는 위로를 제공하며, 사람 사이의 감정을 교감할 수 있도록 돕는다. 때론 단순한 접촉이 가장 큰 위로가 될 수 있다.

당신의 마음이 헛헛한 건 건강한 관계가 사라졌기 때문이다. 어렵더라도 마음을 다잡고 사랑의 언어로 비어 버린 마음의 컵을 채워야 한다. 사랑은 상대에게 다가가는 제스처이며 이를 통해 서로가 모두 외로움을 극복할 수 있다. 그러니 기브앤테이크의 힘을 기억하자. 나에게 맞는 사랑의 언어를 발견하고, 이를 통해 타인에게 온기를 전한다면 외로움에서 벗어나, 진정한 사랑과 연결의 힘을 느끼는 순간이 찾아올 테다.

더 이상 감정에 휘둘리지 않는 순간이 바로 그때다.

"진정한 외로움은 주변에 사람이 없는 데서 오는 게 아니라
당신에게 중요한 것들을 어느 누구에게도
전달할 수 없는 데서 오는 것이다."

프리드리히 니체 Friedrich Wilhelm Nietzsche

진짜 사랑하면 서로를 닮게 된다
미러링 효과

"썸을 탄다는 게 무슨 뜻이에요?"

이 질문을 받았을 때 대답을 찾기 위해 꽤 고심한 기억이 있다. 사실 썸의 개념은 개개인마다 다를 수 있고 시대가 변하면서 매번 달라지고 있다. 내가 썸을 탔던 방식과 지금의 10대, 20대 방식은 완전히 다를 것이다. 그만큼 광범위하고 해석의 여지가 너무 많은 표현이 '썸'이 아닐까? 그럼에도 모든 세대를 관통하는 하나의 의미는 있으리라 생각한다. 사랑하는 사이는 아니지만 그렇다고 아무 사이도 아닌 애매모호한 사이. 여기서 내린 결론이 하나 있다.

"사람을 만나는 건 서로가 서로의 인생에 난입하는 것"

상대에 대한 관심이 높아지면 자꾸 상대방의 시선으로 생각하고 관찰하게 되고, 상대방의 일상에 자연스럽게 난입하게 된다. 상대방으로 인해 평소 잘 가지도 않던 카페에 앉아 있고, 상대방이 보고 있는 책이 있다면 나도 함께 읽게 된다. 그렇게 상대의 일상 곳곳에 난입하는 게 썸이 아닐까 생각했다.

대부분 먼저 관심이 생기거나 더 좋아하는 사람이 상대의 일상에 스며들기 위해 노력하는 편인데, 막상 연애가 시작되면 두 사람은 누구 할 것 없이 서로의 일상을 빠삭하게 익히고 섞이기 위해 노력한다. 그때는 난입이 아닌 마음의 문을 열고 서로를 환대해 준다. 아무런 경계 없이 두 손을 흔들고 상대를 받아들이며 자신의 모든 것을 보여주는 것. 이런 과정을 거쳐 사랑에 빠지게 되면 주변에서 꼭 듣는 말이 있다.

"연애하면 닮는다더니, 진짜 둘이 닮았어."

상대방과 오랜 시간을 보내며 익숙해지면서 제스처나 행동, 말투가 서로에게 흡수되어 나타나는 현상을 심리학적 용어로 〈미러링 효과〉라고 한다. 미러링 효과를 이해하기 위해서는 거울 뉴런Mirror neurons을 함께 이해하는 게 좋은데, 이는 우리가 다른 사람의 행동을 관찰할 때 마치 그 행동을 직접 수행하는 것처럼 활성화되는 신경세포를 말한다. 이 거울 뉴런을 통해 우리는 미러링 효과를 얻게 되는 것이다. 미러링 효과는 단순히 외형적인 행동이나 말투를 따라 하는 것을 넘어 상대방과의 유대감을 강화하고 공감을 이끌어내는 데 중요한 역할을 한다. 연인 관계뿐만 아니라 다른 측면에서도 긍정적인 효과가 나타나는데 대화를 나누는 자리에서 상대방의 몸짓이나 말투를 의도적으로 따라함으로써 친근감을 주고받을 수 있고, 비즈니스적으로는 협상을 유리하게 이끌어갈 수도 있다.

앉아 있는 자세를 따라 하거나 상대가 사용한 표현을 그대로 활용하는 게 미러링 효과의 좋은 활용 예시다. 그러나 이 효과가 아무에게서 나타나는 건 아니다. 이는 철학자이자 종교 사상가였던 마르틴 부버의 '나-너I-Thou' 관계 이론에서 쉽게 이해할 수 있는데, 부버는 인간이 세상과 관계를 맺는 방식에 2가지 기본 형태가 있다고 주장한다.

1) 나-너I-Thou 관계
상대방을 온전한 인격체로 대하며, 감정적이고 직관적이며, 깊은 공감과 이해가 중심을 이룬다. 친구 간의 진실한 대화, 연인 간의 깊은 사랑, 부모와 자식 간의 진정한 유대감이 대표적인 예다.

2) 나-그것I-It 관계
상대방을 목적을 위한 수단이나 객체로 취급하며, 실용적이고 도구적으로 만나는 관계가 여기에 해당한다. 상점에서 물건을 구입하는 행위, 업무상 만나는 비즈니스 파트너가 대표적인 예다.

부버의 정리에 따르면 진정한 미러링 효과는 '나-너I-Thou' 관계에서 나타난다. 따라서 우리는 부버가 말하는 '나-너I-Thou' 관계의 특징을 가진 인간관계를 눈여겨 볼 필요가 있다. 가족구성원과 연인 그리고 진실한 친구, 함께하는 동료와 더 좋은 관계를 만들고 싶다면 그들의 표현 방식을 따라 하는 게 도움이 될 것이다. 혹시 아는가? 썸을 타고 있는 그 사람을 미러링 효과로 유혹할 수 있을지.

"누군가를 사랑한다는 것은 자신을 그와 동일시하는 것이다."

아리스토텔레스 Aristoteles

0부터 시작할 수 있다면 다시 시작하겠는가?
리셋 증후군

내 20대 시절은 누가 정해놓은 것처럼 되는 일이 하나도 없었다. 그중 내가 가장 어려워한 것은 바로 인간관계였다. 사회성이 부족한 탓인지, 예민했던 탓인지 회사나 외적인 상황에서 아무 문제없이 인간관계를 맺는 건 나에게 너무도 어려운 일이었다. 나쁜 의도가 없었음에도 사람들에게 오해받는 내 모습을 보면 스스로를 자책하곤 했다.

"그때 그 말을 하지 말았어야 했는데…."

입 밖으로 내뱉은 적은 없지만, 마음속으로는 수백 번도 더 외친 말이다. 후회의 감정이 떠오를 때마다 나는 키보드에 새로 고침 버튼[F5]을 항상 누르고 싶다고 생각했다. 가볍게 툭 누르면 모든 게 '0'으로 되돌아가는 새로고침 버튼. 내가 한 말을 되돌리고 나의 실수도 없던 것으로 만들 수 있다면 더 잘 해낼 수 있을 것만 같았다.

상황을 새로 고쳐 보겠다는 노력은 이미 인생 곳곳에 있었다.

중학교 때 각인된 이미지를 바꾸고자 고등학교 입학 후 많은 노력을 했지만 실패했고, 대학에서도 새로운 친구를 만나며 기존과 다른 평판을 쌓고 싶었지만, 그 역시 잘 되지 않았다. 마음에 들지 않은 이미지를 바꾸기 위해 수없이 노력했지만, 사람들에게 각인된 이미지는 쉽게 변하지 않았다. 아마 이 글을 읽고 있는 사람 중에도 나의 의도와 다르게 만들어진 평판으로 고통받는 사람이 있을 것이다. 나는 그 고통을 매우 잘 안다. 평판을 바꾸기 위해 할 수 있는 모든 노력을 쏟아부어 봤기 때문이다. 새로 고침을 향한 열정, 그것을 이루게 된 건 10년의 노력 끝에 가능했다.

컴퓨터가 원활히 돌아가지 않거나 제대로 작동하지 않을 때 리셋Reset 버튼만 누르면 처음부터 다시 시작할 수 있듯 현실세계에서도 리셋이 가능하다고 착각하는 것을 〈리셋 증후군〉이라 부른다. 이 증후군에 걸린 사람은 '완벽주의'와 결부돼 사소한 실수도 용납하지 못하고 조금만 어려워도 그것을 회피하고 처음부터 다시 시작하려는 경향을 보인다. 실제로 직장, 인간관계, 학교생활, 일상 곳곳에서 쉽게 볼 수 있는 증상이다. 기존의 상황을 버리면 새로운 출발이 나를 구해 줄 수 있다고 믿는 것이다.

나의 인생을 미루어 보면 가장 큰 문제는 나 자신이었다. 공간이 달라지고 상황이 달라지고 사람이 달라졌음에도 불구하고 내가 달라진 것이 하나도 없었기에 어디에 가든 비슷한 실수를 반복했다. '자신의 생각을 바꿀 수 없는 사람은 아무것도 바꿀 수 없다'라고 말한 문학인 조지 버나드 쇼의 말처럼 자신의 생각을 바꿀 수 있는 사람이야말로 모든 것을 바꿀 수 있다. 내가 달라지면 온 세상이 변화하기 시작하고, 내 관점과 삶의 방향이 바뀌기 시작하면 인생은 이전과 완전히 다른 의미를 지니기 시작한다.

내가 더 나아질 수 있었던 건 단순히 상황을 리셋 시키는 것보단 결점을 고치기 위해 노력했기 때문이다. 힘들다는 이유로 모든 걸 회피하고 있다면 당신에게 "비커밍Becoming"이라는 마법의 단어를 건네고 싶다. 사실 나는 인생의 성공에 대단한 방법이 존재한다고 믿지 않는다. 한 사람이 생각을 바꾸고 행동을 바꾸고, 습관을 바꾸고, 믿음을 바꾸고, 인생을 바꾸는 것만큼 빠르고 강력한 해결책은 없기 때문이다. 내 눈에 보이는 세상은 나의 경험을 바탕으로 어떻게 생각하느냐에 따라 달라진다는 사실은 절대 부인할 수 없다. 만약 인생을 바꾸고 싶은 간절함이 있다면, 그 간절함을 주변 상황이 아닌 나 자신을 더 나은 사람으로 만드는 데 쏟길 바란다.

결국, 모든 것은 당신의 몫이다. 그저 더 나은 무언가가 되어가는 비커밍Becoming에 집중하면, 모든 것은 자연스럽게 리셋될 것이다. 오늘 하루만큼은 나라는 사람을 이제까지 알던 그저 그런 사람으로 평가하지 말고, 놀라운 변화를 가져올 수 있는 사람으로 바라봐주면 어떨까? 부끄러워할 필요는 없다. 당신은 이미 그런 사람이기 때문이다. 매일 조금씩 성장하고 변화를 추구하는 게 중요하다. 작은 변화가 지속적으로 쌓이면 결국 큰 변화를 가져온다. 내가 만나는 사람, 내가 하는 일, 내가 품는 생각 하나하나가 나를 만들어간다. 그러니 부정적인 생각이나 회피 대신, 긍정적이고 대담한 태도로 삶을 이끌어가라.

끝으로, 리셋 증후군을 긍정적으로 활용하는 방법은 새로운 도전을 두려워하지 않는 것이다. 실패를 두려워하지 말고, 배우고 성장할 수 있는 기회에 집중해야 한다. 지금 하고 있는 방법이 답이 아니라면 다음 루트를 계획하면 된다. 도망치는 자에게 낙원은 없듯 인생은 결점과 실패가 겹겹이 쌓이며 견고해진다.

"인생이란 어떻게든 끝마쳐야 하는 힘든 과제와 같다.
이러한 의미에서 볼 때
'나는 인생을 견뎌 냈다'라는 말은 멋진 표현이다."

아르투어 쇼펜하우어 Arthur Schopenhauer

과거에 묶인 채 한 발짝도 못 나아가는 사람
무드셀라 증후군

"당신은 진짜 현실을 외면한 채 동굴에 갇혀 있지는 않은가?"

이야기는 어두운 동굴 속에 갇혀 있던 몇몇 사람들의 등장으로 시작된다. 이들은 태어나면서부터 손과 발이 묶여 있으며 동굴 벽에 비친 그림자만 보며 살아간다. 그들의 등 뒤에는 불이 타오르고 있으며, 사람들은 불빛 앞에서 움직임을 통해 다양한 그림자를 만들어 낸다. 동굴 속에서 평생 그림자만 봐 온 그들은 이 그림자가 현실의 전부라 믿으며, 그 이상을 감히 넘보지 못한다. 그러나 어느 날, 이들 중 한 사람이 우연히 풀려나 동굴 밖으로 나오게 된다. 처음엔 밝은 햇빛에 눈이 부셔 아무것도 보이지 않지만, 시간이 지나면서 자신 앞에 놓인 드넓은 세상을 바라보며 진정한 현실을 깨닫게 된다.

이제껏 자신이 믿어 왔던 모든 것이 그저 그림자에 불과했다는 사실. 그는 진실을 알리기 위해 동굴 안으로 다시 들어가 남아있는 다른 사람들에게 이 사실을 알려준다. 그러나 동굴에 묶여 있던 사람들은 남자의 기대와 달리 정반대의 행동을 한다. 그가 말하는 바깥세상의 이야기를 믿지 않으며, 오히려 진실을 알고 있는 남자를 조롱하고 적대한 것이다. 그들이 현실을 거부한 이유는 무엇일까? 그간 바라보았던 익숙한 그림자가 진정한 현실이라 믿고 싶었기 때문이다.

이 이야기는 고대 그리스의 철학자인 플라톤은 그의 저서 《국가The Republic》 7권에서 인간의 인식과 교육과정을 설명하기 위해 활용한, '동굴의 비유'다. 플라톤은 이를 통해 '우리가 소유하고 있는 현재까지의 경험이 실제로는 진리의 작은 부분에 불과하다'라는 메시지를 전한다. 진정한 실재는 우리가 미처 다 이해하지 못하는 더 높은 차원에 있다는 것이다. 동굴 속 어둠에 갇혀 자신의 그림자만을 평생 바라본 사람은 '현실이라 믿고 있는' 세계에 안주하는 인간의 모습을 나타낸다.

동굴의 비유처럼 현실에 안주하며 불확실성을 두려워하고 과거의 영광과 안정성에 집착하는 심리적 현상을 〈무드셀라 증후군〉이라 부른다. 이 용어는 구약성서에 나오는 '무드셀라'에서 유래됐다. 무드셀라는 969세까지 살면서 늘 지나간 과거를 그리워하고, 영광스러웠던 과거로 회귀하기를 바랐다고 한다. 이 증후군을 경험하는 사람들은 추억을 항상 아름답다고 여겨 좋은 기억만 남겨 두려 한다. 과거의 일을 회상할 때 나쁜 기억보다 좋은 기억만을 남기려는 기억왜곡현상을 보이는 것이다. 이러한 경향은 현재의 고통으로부터 벗어나려 하는 심리적 불안정성에서 시작된다. 시련을 정면으로 맞서는 대신 편안한 과거의 추억에 잠기려는 것이다.

무드셀라 증후군 현상은 사실 우리 주변에서도 쉽게 찾아볼 수 있다. 동네 치킨집만 가더라도 앉아있는 아저씨들 사이에서 흔히 들을 수 있을 법한 멘트다.

"내가 왕년에 말이야…."

굳이 치킨집까지 가지 않아도 흔히 볼 수 있는 장면일지도 모른다. 잘난 과거에 취한 사람을 '꼰대'라고 부를지 모르지만, 사실 필자와 꼰대를 비롯한 모든 인간은 노스탤지아Nostalgia를 가지고 있다.

노스탤지아는 과거의 순간이나 어떤 장소에 대한 향수, 그리운 감정을 말한다. 단순히 과거의 멋진 순간을 상상하고 그리워한다고 생각할 수 있겠지만, 감정적으로는 의외로 복잡 미묘한 부분이 있다. 행복했던 순간을 회상하지만 동시에 다시는 돌아갈 수 없다는 사실에 슬픔을 느끼는 것이다. '과거의 영광', 즉 인생의 자랑스러운 순간은 지금의 나를 만든 1등 공신이자, 삶의 훈장과 같은 것이다. 그 안을 자세히 들여다보면 노력, 열정, 신념과 같은 멋진 재료들이 담겨있다.

하지만 그로부터 시간이 아주 많이 흘렀음에도 그 시절에 계속 머무는 것은 스스로에게 그리 도움이 되지 않는다. 나는 2번째 저서인 《자이언트》에서 '더불어 대화 나누기 좋은 사람은 미래형으로 대화하는 사람'이라 밝힌 바 있다. 미래형으로 대화를 이끌어가는 사람은 미래에 대한 고민을 하고 있는 사람이며 꿈을 가지고 그것을 성취하기 위해 달려가는 사람일 가능성이 높다. 물론 과거의 모든 경험을 모두 무시하자는 게 아니다. 어둡고 괴로운 과거의 기억에 갇혀 있을 이유가 없듯, 과거의 좋은 기억에 발목을 묶어 두는 것 또한 피해야 한다. 행복한 기억에 점철된 삶은 현실의 삶을 포기하고 허무의 세계에 발을 들여 실제를 포기하겠다는 것과 동일하기 때문이다.

전문가들은 이러한 현상을 극복하기 위해 과거의 기억과 현실 사이의 균형이 중요하다고 조언한다. 과거의 긍정적 경험은 영감이 되어 현재의 삶을 더 풍요롭고 의미 있게 만들어 주기 과거를 비료 삼아 조화롭게 현재의 자신을 가꾸어 나가야 한다. 삶의 중추는 현실에 있다. '지금 이 순간'이라는 가치를 수용함으로써 문제를 직시하고 그것을 해결해 나가는 과정에서 미래는 서서히 빛나기 시작한다. 삶은 끝없는 갱신의 연속이다. 아직 일어나지 않은 인생의 다음 챕터를 기대하며 살아간다면 당신은 찬란했던 과거만을 그리워하지 않고 삶의 모든 시절을 사랑할 수 있다. 이 얼마나 멋진 일인가!

나는 당신이 과거의 영광에 매여 살아가는 사람이 되지 않았으면 좋겠다. 옆에 있는 사람이 그 이야기를 듣고 싶어 하지도 않을 것이다(여담이지만 나는 굳이 자랑을 할 거라면 밥을 사면서 자랑하라고 항상 조언한다). 과거는 과거일 뿐. 그때 잘한 일이 있다면 훈장으로 삼고 실패의 기억이 있다면 멋진 미래를 향한 양분으로 사용하면 된다. 과거로 몸이 돌아가 있다면 이제 다시 앞으로 몸을 돌리자. 수많은 위인이 말하듯 과거보단 창창한 미래에 더 큰 행복이 몰려 있다. 가장 끔찍한 건 내일이 다가오는데도 홀로 멈춰 있는 것임을 기억하라.

"과거로 인해 자신을 괴롭히지 마라.
대신 과거를 배움으로 사용하라.
과거 당신에게 생긴 일은 지금의 당신을 만들기 위해
준비를 시켜준 것 뿐이다."

로버트 튜 Robert Tew

노인이 되면 어떻게 살 것인가?
사회 쇠약 증후군

20여 년 전, 중학교 3학년이었을 당시 내가 살던 동네는 시험을 봐 고등학교에 진학해야만 했다. 공부에 별로 관심이 없던 나는 원하는 학교에 시험을 보기 위해 급하게 봉사 구직을 알아보게 되었다. 당시 나에게 주어진 선택지는 두 가지였다. 양로원에서 일하거나 보육원에서 일할 것.

나는 한순간의 망설임도 없이 보육원을 선택했다. 어릴 적부터 아이들을 좋아했고, 아이들이 웃는 모습을 보면 정화된다는 느낌을 받았기 때문이다. 이런 마음 덕분인지 대학을 졸업하고 교육업에 종사하며 5살 아이부터 대학생까지 교육할 수 있는 기회를 얻게 됐다. 아이들과 보내는 시간이 늘어남에 따라 노인 분들과 보내는 시간은 자연스럽게 내 인생에서 사라졌다. 한때는 지하철이나 버스에서 무례한 태도를 보이는 사람을 보며 할머니, 할아버지들에 대한 편견과 거부감이 생기기도 했다.

그러던 찰나, 컨설팅을 돕던 한 분과 함께 시장에서 어렵게 장사하시는 할머님을 도와드릴 기회가 생겼다. 우리는 차를 타고

양평으로 향했고 오일장에 나온 할머님들의 나물을 전부 산 후, 그것을 소분한 뒤 지역 주민들께 나눠 드렸다. 오일장에 가본 것도 오랜만이었고 이렇게 직접 나서서 할머님들을 도와드리니 내가 얼마나 할머니, 할아버지들과 먼 거리에서 생활해 왔는지 깨달을 수 있었다. 그리고 그날, 지금까지 가지고 있던 모든 편견을 버렸다.

"이런 사람들이 잘 돼야 돼. 우리나라에 이런 청년들이 많아야 돼!"

소분한 나물을 받아 가시는 어느 할머니가 우리에게 말씀하셨다. 나는 그때 묘한 기분에 사로잡혔다. 집으로 돌아오는 길에 일면식도 없는 그들과 가까워졌음을 느꼈다. 20대 때와 사뭇 다른 느낌이었다. 그때는 이해할 수 없던 것을 이해할 수 있게 되었고, 내가 잘못 알고 있던 것도 경험을 통해 깨우치고 있다. 모두 나이가 들었기에 가능해진 일이다.

사회 쇠약은 개인이 더 이상 사회 내에서 의미 있는 역할을 수행하지 못하거나, 그에 필요한 자원을 충분히 확보하지 못할 때 발생한다. 이 개념에서 나온 〈사회쇠약증후군 Social Frailty Syndrome〉은 신체적, 정신적 쇠약과 더불어 개인의 사회적 기능이 약화되는 현상을 말하며, 특히 현대 사회에서 빠르게 진행되는 고령화와 밀접하게 연관된다. 우리 사회는 점점 더 빠르게 변화하고 있다. 앞으로 더 많은 노인과 생활해야 할 것이며, 한 명의 청년은 더 많은 부담감을 가지고 사회생활을 하게 될 것이다. 그렇다면 젊은 청년들은 고령화 사회라는 그 무거운 짐을 어떻게 해결할 수 있을까? 나는 이 문제의 해결책이 청년들보다 더 많은 세월을 살아간 어른들의 지혜와 연륜에 달려 있다고 생각한다. 좀 더 지혜로운 방법, 좀 더 나은 방법은 그것을 경험하고 실패해 본 사람만이 알려 줄 수 있다. 설령 성공하지 못했다 하더라도 그 실패의 경험을 통해 또다시 실패할 일은 없지 않겠는가.

"나이가 많다는 건 맛있는 음식을 많이 먹어 보고 좋은 곳을 많이 가 봤다는 뜻이야."

언젠가 가까운 형이 우스갯소리로 이 말을 했을 땐 그저 맛집을 많이 아는 것이려니 생각했는데, 이제 와서 생각해 보니 세월이 가져다주는 경험의 무게가 그리 가볍지 않음을 시사 하는 말이 아니었을까 싶다. 20대의 나는 그저 나이 든 사람의 말은 모두 의미 없는 것으로 치부하고 고리타분한 말로 바라보았다. 그땐 확실히 어렸고 성숙하지 못한 생각을 가지고 있었다. 나는 이제 확신한다. 앞으로 살아갈 시대에는 더 많은 지혜와 경륜을 가진 사람이 우리를 구해 줄 것이라고.

이제 당신에게 묻고 싶다. 나이 많은 사람을 꼰대로 부르며 그들의 지혜와 경험을 아무것도 아닌 것처럼 취급하고 있지는 않은가? 아니면 모든 사람에게 배울 점이 있다는 마음 아래 그들의 경험과 연륜을 흡수하여 더욱 나은 사람이 되고 있는가? 관점을 바꾸면 더 나은 성장의 기회를 발견할 수 있고 더불어 살면 메마르지 않은 채로 정겹게 살 수 있다.

"나이가 드는 것은 젊음을 잃는 것이 아니라
기회와 힘의 새로운 기회이다."

베티 프리던 Betty Friedan

당신은 더 이상 철부지 어린애가 아니다
팅커벨 증후군

    어렴풋한 초등학교 시절, 아직까지 기억에 남는 반 아이가 한 명 있다. 사랑과 관심이 필요한 나이였지만 이 아이는 친구들에게 아무런 관심을 받지 못했다. 따돌림을 당하는 건 아니었으나, 그렇다고 쉬는 시간에 마음껏 떠들 친구도 없던 친구였다. 점심시간이면 각자 가지고 온 도시락으로 밥을 먹었고 후식으로 우유도 배급됐다. 당시 흰 우유는 제티나 네스퀵 같은 스틱에 밀려 인기가 없었다. 여느 때와 다름없이 누군가가 가져온 제티를 조금씩 나눠 먹기 바빴던 그때, 내 눈에 조용한 그 아이가 들어왔다. 그는 우유에 먹다 남은 밥을 말아 먹고 있었다. 이를 신기하게 본 반 아이들이 우르르 몰려가 친구의 식사를 구경했다. "맛있어?", "어떤 맛이야?" 등. 호기심을 보이자, 친구는 "이렇게 먹으면 더 맛있어"라며 게걸스럽게 먹는 모습을 보여 주었고 그 모습이 신기해 매 점심시간이면 우리는 우유에 밥을 먹는 모습을 구경했다. 그 뒤로 아이는 주변 친구들에게 주목을 받기 시작했다. 하지만 대부분 초등학생이 그렇듯 아이들의 관심은 금방 시들해지기 마련이다. 예전으로 돌아가기 싫었던 것일까? 어느 날부터 밥과 우유만 섞어 먹던 아이는 그 안에 김을 넣기도 하고 김치를 넣어 먹기도 했다. 반 아이들은 다시 열광했고 아이의 표정엔 미소가 번지기 시작했다. 아마 그 아이는 관심을 잃는 게 싫었던 모양이다. 우유와 밥으로 시작했던 식사는 결국 모든 반찬을 다 섞어 먹기에 이르렀다. 그런데 이런 모습이 도가 지나치게 느껴졌는지 아이들은 다시 그 아이를 멀리하기 시작했다. 그렇게 관심을 잃은 아이는 1년 후 소리 없이 전학을 갔다.

디즈니의 애니메이션 〈피터팬〉에 나오는 요정 팅커벨을 기억하는가? 팅거벨은 작은 몸집에도 불구하고, 훌륭하게 자신의 마법을 자랑스럽게 내뿜으며 우리에게 꿈과 희망을 안겨주던 캐릭터다. 팅커벨은 때때로 자기 능력을 과대평가하여 웬디를 후크 선장에게 팔아넘기는 등 해서는 안 되는 실수를 저지르곤 한다. 자신이 존재하기 위해서는 누군가가 자신을 믿어야 하고, 더 많은 사랑을 받기 위해 잘못된 행동을 서슴지 않고 했던 것이다. 이것이 바로 〈팅커벨 증후군〉의 기원이다. 팅커벨 증후군은 다른 사람에게 사랑받지 못하는 데 두려움을 느끼고 자신의 능력과 영향력을 과대평가하는 현상을 뜻한다. 겉으로는 자존감이 높아 보이지만 실제로는 타인의 관심에 의존하면서 낮은 자존감을 가지고 있는 사람이 많다. 이 증후군에 걸린 사람은 의지력이 약해 주변의 어른이나 친구들에게 관심을 받고자 활동적이고 수다스러운 편이다. 자아가 아직 확립되지 않다 보니, 다른 사람의 관심을 통해 자신을 규정하는 거다. 비슷한 예로 짝사랑하는 사람에게 못된 행동을 하는 이들이 있다. 진짜 속마음은 상대를 사랑하지만 솔직하게 표현하지 못하고, 상대의 관심을 끌기 위해 못된 행동을 함으로써 관심을 끄는 것이다.

'우리는 누구에게 사랑받고 있으며, 이것이 우리 자아에 어떤 영향을 미치고 있을까?'

인문학에서 자아는 개인의 의식과 정체성, 즉 '자기 인식'을 가리킨다. 그런 의미에서 자아는 자신의 세계를 인식하는 방식이기에 잘못 형성되면 비현실적인 판단과 행동으로 이어질 수 있다. 이러한 증상이 비단 어린아이에게만 일어나는 현상은 아니다. 몸은 컸지만, 마음은 성장하지 못한 어른아이에게도 팅커벨 증후군은 쉽게 나타난다. 그들은 잘못된 자기 인식으로 다른 사람들이 자신을 어떻게 생각하는지를 의식해 보여주기 식으로 SNS을 운영하고 자신의 존재가치를 인정받지 못할까, 선을 넘는 행동을 하기도 한다. 한나 아렌트가 책 〈악의 평범성〉에서 언급한 아돌프 아이히만의 사례처럼, 스스로 악한 의도를 품지 않더라도 당연하게 한 행동의 결과가 커다란 악을 만드는 비극을 초래하는 것처럼 말이다. 그런 의미에서 자신만의 기준을 확립하며 올바른 행동 양식을 구축할 필요가 있다.

팅커벨 증후군은 우리 모두에게 쉽게 다가올 수 있는 현상이다. 이 증후군을 극복하기 위해서는 명확한 자기 인식을 통해 자존감을 끌어올려야 한다. 방법은 간단하다.

'나를 사랑하라.'

타인으로부터 받는 관심으로 마음을 채우지 말고 자기애를 바탕으로 자존을 형성해야 한다. 건강한 취미를 가지고 꾸준한 자기 계발과 신뢰할 수 있는 사람과 깊은 대화를 나누어라. 겸손한 마음으로 자기반성을 하고 작은 성취를 이어가며 자신을 사랑하다 보면 굳이 노력하지 않아도 주변 사람들에게 분에 넘치는 사랑을 받을 수 있다. 사랑만 받기 위해 하는 행동은 더 깊은 외로움을 만들기 마련이다. 어디서든 당당히 살아가는 사람을 보아라. 그들은 전부 자신을 그 누구보다 사랑하고 있다.

"사랑하고 일하라.

일하고 사랑하라.

그것이 삶의 전부다."

지그문트 프로이트 Sigmund Freud

용기를 낸 사람을 비판할 사람은 그 어디에도 없다
방관자 효과

　길에서 갑작스럽게 쓰러진 사람을 CPR심폐소생술로 구해내는 뉴스가 요즘도 간혹 나온다. 위험의 순간을 지나치지 않은 그들을 우리는 영웅이라 칭하고, 그 용기를 높이 산다. 나 역시 CPR을 배운 적이 있다. 살면서 언제 응급 상황이 벌어질지 모르고, 특히 가족에게 위급 상황이 발생하면 직접 처치를 할 수 있어야 한다는 사명이 생겼기 때문이다. CPR을 배우면서 알게 된 가장 흥미로운 사실은 기도 확보, 흉부 압박 등 우리가 흔히 아는 과정 외에 주변 사람들에게 119에 신고 해달라는 요청이 가장 중요하다는 점이었다. 이때 장소가 길거리와 같은 외부라면 반드시 특정 인물을 지목해 신고를 요청해야 한다. 단순히 그 사람을 바라보며 신고를 요청하는 게 아닌, 지목한 사람의 인상착의를 명확하게 언급해야 한다는 것이다. 구체적이고 명확하게 상대를 지목해야 상대도 책임감을 느끼고 신고에 임하기 때문이다. 정확히 지목하지 않으면 어떤 일이 발생해도 관여하지 않고 곁에서 지켜볼 가능성이 높다. 이를 〈방관자 효과〉라 부른다.

앞서 CPR로 생명을 구한 사람을 영웅으로 높이 칭할 수 있던 까닭은 방관자 효과가 팽배한 사회 현실을 깨부쉈기 때문이다. 한국 사람들은 누군가의 일에 개입하는 걸 오지랖이라 여기는 경향이 있다. 더 나아가 위급한 상황에 처한 사람을 발견했을지라도 당장 생명을 구하는 것보다 그 이후에 처리해야 할 성가신 일을 떠올린다. 그리고는 '굳이 내가 아니더라도 누군가는 해주겠지'라는 안일한 생각을 한다. 방관자 효과는 더 이상 우리에게 낯선 지점이 아니다. 이미 익숙하게 보고 느끼는 삶의 일부가 되고 있다. 조금만 다른 각도로 바라보면, 방관자 효과는 사회적 현상뿐만 아니라 개인 내면의 '나'와 '또 다른 나' 사이에서 벌어지는 현상으로도 바라볼 수 있다. 방관자 효과를 흥미롭게 설명하던 친구가 있었는데, 그 친구와 식사를 하던 중 방관자 효과로 인해 골든타임을 놓친 한 사람에 관한 뉴스를 본 적이 있다. 밥을 먹던 친구가 조용히 숟가락을 내려놓으며 한 말은 꽤 충격적이었다.

"나도 내 스스로를 방관하면서 버려둔 적이 많았는데."

친구의 말은 이러했다. 우리에겐 수많은 아이덴티티가 있고, 그중엔 나도 이미 알고 있는 단점을 가진 자신 또한 있다는 것. 하지만 이를 명확하게 알고 있음에도 '언젠가는 괜찮아지겠지'라 생각하며 방치한다는 것이다. 친구가 이어준 생각의 확장에 나는 방관이라는 개념이 내면에서도 벌어지고 있다는 사실을 깨닫게 되었다. 돌이켜보면 나 또한 그러했다. 강의를 하고, 사람들을 만나, 바쁘게 일을 하는 나는 스트레스와 피로로 무너져가는 또 다른 나를 챙기는 일을 방치했었다. 당장 바쁘게 처리해야 되는 일로 책상에 줄곧 앉아 계속 일만 하며 몸과 마음을 돌보는 일을 뒷전으로 미루며 외면했던 거다.

'에이 괜찮겠지' '조금만 나중에 하자'

소 잃고 외양간 고친다는 말은 앞서 설명한 모든 이야기를 관통한다. 결국 건강의 이슈가 생기고 나서야 문제를 깨달은 나는 외면이 나를 더 썩게 한다는 요소라는 걸 알게 되었다.

우리는 오랜 시간 방관자로 살아왔다. 길에 쓰러진 누군가를 일으켜 세워 줄 용기가 부족했으며, 동시에 부정적인 나를 돌보지 못하고 있는 방관자이다. 나는 나를 충분히 돌봐 주고 있는가? 어떻게 하면 타인의 삶에서 방관자가 되지 않을 수 있을까? 답은 간단하다. 무언갈 보고 느꼈다면 공감 능력을 가지고 행동으로 옮겨라.

용기를 낸 사람을 비판할 사람은 그 어디에도 없다.

"악이 승리하는데 필요한 유일한 조건은
선한 사람들이 아무 행동도 하지 않는 것이다."

에드먼드 버크 Edmund Burke

아는 게 힘일까? 모르는 게 약일까?
행복한 무지

    내가 생각하는 이 세상의 최대 난제는 바로 '아는 것이 힘이다'와 '모르는 것이 약이다' 중 무엇이 옳은 가이다. 삶에 대해 결코 무엇 하나 단정지어 설명할 수 없다고 하지만 간혹 우리는 너무 많이 알아서, 또는 너무 조금 알아서 힘들고 난처해지는 경우가 많다. 예전에 알고 지내던 교수님을 통해 한 모임에 따라간 적이 있다. 그곳에 모여 있는 분들 또한 모두 교수님이었고, 그 사이에서 나 홀로 미스터리한 언어를 들으며 바보처럼 앉아있었다. 그때, 속으로 '제발 나에게 질문하지 말아주세요'라고 간곡하게 빌었건만, 안타깝게도 나의 기도는 닿지 않았고 질문이 들어왔다.

    "SPC로 가는 건 어떻게 생각하세요?"

    당시 얼핏 뉴스에서 모 프렌차이즈 빵집 관련 뉴스로 SPC에 대해 들어 본 적이 있었다. 하지만 지금의 대화 흐름상 왜 갑자기 빵집 이야기를 나에게 물어보는지 도통 알지 못해 횡설수설한 대답을 했다. 당시를 생각하면 그게 뭔지 왜 솔직하게 물어보지 못했는지 부끄럽기만 하다. 나중에 찾아보고 난 뒤에야 알았지만, 그 교수님이 물어본 SPC는 유한회사를 말하는 것이었다. 이 사실을 알게 된 이후 내 머릿속에서 SPC는 더 이상 프랑스 수도의 이름 딴 빵집이 아닌, 경제학에서 알고 있어야 할 용어가 되었다. 나는 그날 이후 SPC를 되새기며 다신 잊지 않겠다고 결심했다.

이렇게 우리는 무지의 순간을 자책한다. 나에게는 단순 해프닝으로 끝난 사건이었지만, 어떤 사람에게는 더욱 트라우마 같은 큰 사건으로 다가가기도 한다. 누군가는 잘못 변질된 마음에 자신보다 더 무지한 사람을 깔보며 분풀이를 하는 경우도 있다.

무지無知의 의미는 '깨우치지 못해 아는 것이 없다'라는 의미로 지식 분야에서 언급할 수 있는 최악의 표현처럼 느껴지지만 더 많이 안다고 해서 절대로 행복한 것은 아니다. 도리어 모든 것을 알지 못하거나 이해하지 못함으로써, 불필요한 불안이나 고통에서 벗어나 단순한 즐거움을 느낄 수 있다. 이것을 바로 〈행복한 무지〉라고 부른다.

우리는 많은 순간에 너무나 많은 정보를 흡수하기에 고통받는다. 글을 쓰는 작가는 작가의 삶에 대해 너무 많이 알아서 글쓰기를 즐기는 게 힘들고, 요리사는 주방에서 흘린 쉐프들의 인내와 노력을 알기에 단순히 음식을 즐기지 못할 수도 있다. 연인 사이에서도 그렇다. 상대가 과거에 어떤 사람을 만났고, 어떤 사랑을 나눴다는 사실을 알게 되는 순간부터 눈앞에 있는 사람에 대해 더 깊이 알게 됐다는 느낌 대신 선입견으로 바라보게 되지 않는가.

"그렇다면 무지함이 행복한 것인가요?"

누군가 묻는다면 그렇다고 단언할 수도 없다. 많이 아는 것도 힘든 일이지만, 알려고 노력조차 하지 않는 것만큼 불행을 자초하는 일은 없기 때문이다. 조금 부드럽게, 특정 영역에만 무지할 수 있음을 깨닫자. 같은 무지를 반복할지, 반복하지 않을지는 선택의 영역이며 이 지점이 바로 행복을 판가름 짓는 중요한 지점이다. 한 가지 명확한 것은 조금 알고 있는 지식을 어떻게 소화하고 활용할지 고민하는 태도이며 모르는 것에 물음표를 던지며 꾸준히 배워 가는 태도다. 행복은 지식의 양이 아닌 태도에 따라 달라진다.

《법구경法句經》에는 이러한 말이 있다.

"경전을 가르칠지라도 제멋대로 생활하며 실천하지 않는 자는 남의 소를 세는 목동처럼 깨달음의 열매를 맛볼 수 없다."

아무리 훌륭한 배움이 주어지더라도 그것을 스스로 실천하지 않으면 그 지식은 무의미해진다. 법구경의 가르침처럼, 단순히 지식을 쌓는 것이 중요한 것이 아니라, 그것을 어떻게 활용하고 실천하는지가 핵심이다. 여기서 주목해야 할 점은, 모든 것을 아는 것이 필수 요소가 아니라는 사실이다(이렇게 생각하면 마음이 한결 편해진다). 명심해야 할 것은 필요한 만큼 아는 것, 그리고 그 지식을 제대로 적용하는 것이다.

행복한 무지의 개념을 기억하며 지식의 양에 얽매이지 않고 균형을 찾아보자. 양에 집착하기보다 왜 그것을 궁금해했으며, 그 지식이 실제로 삶에 어떻게 쓰이는지를 고민하자. 지식은 단순히 외우고 축적하기 위해 존재하지 않는다. 바른 곳에 쓰이기 위함이고 그래야 비로소 진정한 배움이 삶에 실천되었다고 말할 수 있다.

당신은 필요한 만큼 알고 있는가? 모른다면 부끄러워 할 필요는 없다. 각자의 영역이 다를 뿐, 호기심을 가지고 있다면 우린 죽기 전까지 세상을 탐험하듯 살 수 있다.

"정보나 지식은 머리로 이해하는 게 아니다.
행동으로 옮기고 실천해야 한다."

앤서니 제이 로빈스 Anthony Jay Robbins

주 100시간을 일하고 깨달은 사실
번아웃 증후군

동기 부여와 자기 계발을 공부하면서 내게 스며든 첫 번째 습관은 극한의 성실함Hardworking이다. 그 기준은 일주일에 100시간을 일하는 것인데 실제로 일론 머스크는 하루에 14시간을 일하며 이것이 다른 사람보다 두 배로 빨리 성장할 수 있는 비법이라고 말했다. 나는 그 말에 설득을 당하고 말았다.

이 습관으로 대략 1년 정도 살았다. 열심히 일하는 것은 나에게 당연한 습관이 되었고 눈을 뜬 이후부터 잘 때까지 일에 관련된 생각만 했다. 직장을 다니다가 나만의 비즈니스를 시작하면 퇴근이 없어진다는 말을 들은 적이 있는가. 이제는 남의 일이 아니라 나의 일이 되었기에 침대에 누워서도 계속 일 생각을 하게 된다. 나는 이런 사업가적 환경에 성공적으로 적응을 마쳤다고 생각했다. 생각보다 큰 스트레스가 되지 않으며 심지어 천직을 발견하게 되어 행운아라고 여기기도 했다. 그러나 이것은 큰 오만, 우연히 클릭한 스냅챗Snapchat 필터 하나에 스스로 번아웃임을 인정할 수밖에 없었다.

자정이 넘은 늦은 밤, 스냅챗Snapchat을 이리저리 사용해 보던 나는 화면 아래에 다양한 필터를 사용해 보기로 결심했다. 오른쪽으로 2번 효과를 넘긴 순간 나는 깜짝 놀랐다. 할아버지가 된 나의 모습이 핸드폰 화면에 떠 있던 것이다. 순간적으로 움직일 수 없었다. 화면 속에 나는 왠지 모르게 슬퍼 보였고 많이 지쳐 보였다. 흰머리와 주름 가득한 얼굴은 고생했던 지난 세월을 상징하는 듯했다. 찡했다. 눈물이 살짝 맺히는 느낌이었다. 그리고 화면 속 늙어 버린 나의 두 눈을 지그시 바라보았고 이내 한마디 말이 마음에 떠올랐다.

"사느라 참 고생 많았다."

그 순간 열심히 살아온 시간이 주마등처럼 스쳐 지나갔다. 나에게 남은 행복한 기억이 무엇인지 생각을 더듬었지만, 마땅히 떠오르는 추억이 없었다. 나는 남들보다 잘 살아야 한다는 강박에 나를 잃고 있었다.

누구라도 나와 비슷한 경험을 한다면 묘한 기시감을 느끼리라 자신한다. 사회는 더 많은 일을 하고 더 많은 성공을 이루도록 우리를 재촉한다. 물론 기술이 점점 발전하고 인공 지능이 생활 속으로 깊이 들어오면서 생활은 점점 편해지고 있지만 과한 업무로 번아웃을 느끼는 사람들은 여전히 늘어나고 있다. 안타깝게도 대다수 사람은 번아웃에 대한 효과적인 해결책을 찾아내지 못한 듯하다.

우리가 흔히 말하는 번아웃은 정신적 탈진을 의미하지만, 사실 최초의 번아웃은 그보다 더 다양한 증상을 수반했다. 1974년 독일 출신의 미국 정신과 의사 허버트 프로이덴버거가 자원봉사자들의 피로와 탈진 상태를 관찰하며 이 용어를 처음 사용했는데, 그는 번아웃을 다음과 같이 3가지로 정의했다.

1. 감정적 고갈
2. 탈인격화
3. 개인 성취감 감소

이 정의에서 알 수 있듯 번아웃은 단순히 정신적으로 지친 상태를 의미하는 게 아니다. 감정적인 소모를 넘어 자신과 주변 세계로부터 지속적인 소외감을 느끼고 자기 효능감마저 사라진 상태를 말한다. 그렇다면 내가 번아웃이 됐다는 증거는 어디서 어떻게 발견할 수 있을까?

첫째, 에너지와 활력의 결핍이다. 번아웃은 과도한 업무나 특정 활동을 수행하면서 생긴 결과물로, 지속적인 피로감과 에너지고갈을 가져온다. 이는 단순히 체력이 줄어드는 신체적 피로뿐만 아니라 정신적 피로로 이어져 결국 일상적인 활동을 수행하는 데 있어 비관적인 태도를 갖게 만든다. 무엇보다 슬픈 사실은 이런 상황에 처한 사람들은 자신이 결핍 상태에 시달리는지도 모른 채 계속해서 앞을 향해 달려간다는 것이다.

둘째, 동기와 열정의 결핍이다. 무슨 일을 시작하든 신입사원에게는 첫 출근의 열정이 존재한다. 뜨거운 열정으로 시작하지만 한 달, 두 달 시간이 지날수록 점점 열정은 사라지고 동기도 사라지게 된다. 이로 인해 최소한의 흥미마저 모두 사라지게 되어 아무런 동기부여를 얻지 못한다. 내가 왜 일을 하고 있는지에 대한 근본적인 질문에 답을 하지 못한 채 길을 잃은 사람처럼 어리둥절한 느낌을 받는다면 번아웃이 온 상태라 말할 수 있다.

셋째, 감정적 안정성의 결핍이다. 사소한 것에 감정 소모가 심해 감정이 고갈되어 지속적으로 불안정한 상태에 시달리게 된다. 감정이 담긴 컵에 텅 빈 듯 감정이 메말라 버리면 우리는 작은 외부의 충격에도 크게 타격을 받고 쉽게 짜증을 내거나 무기력함을 느낀다. 결국 사람을 상대하는 데 감정은 연료와 같은 역할을 하기에, 번아웃을 겪는 사람은 대인관계에 쉽게 지쳐 관계가 좋던 사람마저도 떠나보내게 된다.

넷째, 자기 효능감의 결핍이다. 내가 그 일을 해낼 수 있을 거라는 자신감이 모두 사라지며 하는 일에 대한 무력감을 느끼게 된다. 충분히 능력을 가지고 있고 경험이 많은 문제임에도 불구하고 할 수 없을 거라는 태도로 점점 자존감이 낮아지고 자기 신뢰를 상실한다.

마지막으로 삶의 만족감이 사라진다. 만족감이 없는 삶은 결국 지속적으로 불만족한 상태에 머문다는 뜻이다. 아무리 맛있는 음식을 먹고, 좋은 시간을 보내고, 멋진 공간에 있더라도 결국 만족할 수 없으니 모든 것이 불평스럽고 영원히 채워지지 않을 목마름처럼 지쳐 쓰러지게 된다.

이런 번아웃의 다양한 증상만큼 번아웃 솔루션 또한 매우 다양한 측면에서 접근할 수 있다. 일반적인 사람들의 가장 큰 오해는 신체적 쉼이 번아웃 전체의 회복이라 믿는 것이다. 번아웃은 총 6가지 측면에서 회복이 필요하다.

1. 신체적 쉼Physical Rest: 충분한 수면을 통해 몸을 회복시키는 것을 의미한다. 하루에 최소 7시간 이상의 숙면을 취하는 게 중요하다. 수면은 신체적 피로를 회복시키고, 면역력을 강화하며, 전반적인 건강을 유지하는 데 필수적이다. 숙면을 통해 신

체적 에너지를 회복하고, 일상생활에서 더 높은 효율성과 집중력을 발휘할 수 있다.

2. 정신적 쉼Mental Rest: 마음의 피로를 해소하는 것을 의미한다. 〈To-Do 리스트〉를 작성하여 해야 할 일을 정리하고, 명상을 통해 마음을 안정시키는 것이 효과적이다. 명상은 스트레스를 감소시키고, 집중력을 높이며, 감정 조절을 돕는다. 규칙적인 명상 습관을 통해 마음의 평화를 찾고, 정신적 번아웃을 예방할 수 있다.

3. 관계적 쉼Relational Rest: 긍정적인 인간관계를 유지하고, 부정적인 관계를 정리하는 것을 의미한다. 좋은 사람들과 관계를 유지하고, 부정적인 영향을 주는 사람들과 맺은 관계를 정리하는 작업이 필요하다. 이는 정서적 안정감을 높이고, 사회적 지지를 바탕으로 번아웃을 극복하는 데 도움이 된다.

4. 감각적 쉼Sensory Rest: 감각적 과부하를 줄이고, 감각을 쉬게 하는 것을 의미한다. SNS를 쉬고 알림을 끔으로써 디지털 디톡스를 실천할 수 있다. 이는 정보 과부하로 인한 스트레스를 줄이고, 정신적 피로를 해소하는 데 도움이 된다.

5. 자연적 쉼Natural Rest: 자연 속에서 시간을 보내는 것을 의미한다. 햇볕을 쬐고, 산책을 하며, 여행을 통해 자연과 접촉하는 시간이 필요하다. 자연 속에서의 휴식은 정신적, 신체적 회복

에 큰 도움이 되며, 스트레스를 감소시키고, 마음의 평화를 찾는 데 효과적이다.

6. 해소적 쉼Emotional Rest: 자신의 감정을 표현하고, 어려운 감정을 처리하는 것을 의미한다. 친구나 가족과 대화를 통해 자신의 감정을 나누고, 힘든 감정에 대한 적절히 해소가 중요하다. 이는 정서적 안정감을 높이고, 감정적 번아웃을 예방하는 데 도움이 된다.

번아웃은 단순한 과로의 결과가 아니다. 인간이 스스로의 가치를 찾지 못하고, 외부의 성취와 기대에 매몰되었을 때 발생하는 심리적 고통이다. 따라서, 번아웃을 극복하기 위해서는 몸과 마음을 함께 치유해야만 한다.

고대 철학자 소크라테스는 "너 자신을 알라"는 희대의 명언을 남겼다. 이는 오늘날에도 유효한 조언으로, 자신의 욕구와 한계를 이해하고, 삶에서 진정 중요한 게 뭔지 성찰하는 자세가 필요하다. 현재의 순간에 충실하고, 작은 기쁨과 성취를 소중히 여기며 쉴 땐 쉬는 태도가 번아웃을 예방하는 데 큰 도움이 될 것이다.

"번아웃은 단순히 피로의 상태가 아니라,
삶의 의미를 잃어버리는 것이다.
그러므로 나는 매일 자신에게 질문을 던진다.
'나는 지금 무엇을 위해 노력하고 있는가?'
이 질문이 나를 깨우고 다시 나아가게 만든다."

엘리자베스 길버트 Elizabeth Gilbert

에필로그
왜 당신은 죽어가는 당신을 방치하고 있는가

먼저 죽어 가는 삶을 위해 이 책을 읽어 준 당신에게 진심으로 감사함을 전한다. 흔히 책은 한 사람의 인생을 담는 그릇이라고 한다. 이 책에 나는 삶에 존재하던 밝음과 어둠을 고스란히 담아냈다. 부족하지만 당신이라는 한 폭의 그림을 완성하는 데 작은 도움이 되었길 바란다.

이제 남은 시간은 온전히 당신의 것이다. 이 책이 필자인 나와의 여정이었다면, 이제부터는 당신 홀로 삶이라는 여정을 떠나야 한다. 앞으로의 길이 언제나 평탄할 것이라 기대하지 마라. 좋은 일만 가득하리라 기대하지 마라. 삶은 그렇게 단순하지 않다. 때로는 이해할 수 없고 설명할 수 없는 일들이 당신을 찾아갈 것이다. 하지만 그것이야말로 인간으로서 누릴 수 있는 특권이 아닐까? 당신이 겪는 모든 감정과 경험은 결코 그저 무의미하게 스쳐 지나가는 것이 아니다. 그것은 당신이라는 존재의 일부이며, 그 모든 조각이 모여 하나의 완전한 그림을 이룰 것이다. 복잡하고 모순되었음에도 불구하고 아름다운 세상 속에서 당신만의 의미를 발견해 나가길 바란다.

끝으로, 이 책을 덮는 순간이 또 다른 시작임을 잊지 않길 바란다. 더는 죽어가지 않게 자신의 내면 소리에 귀를 기울이며 앞으로 나아가라. 당신이 어떤 길을 선택하든, 그 길이 결국 당신만의 고유한 이야기가 되기를 진심으로 응원한다.

여기에 있는 모든 심리 증후군이 공감되지 않을 수 있지만, 여러 행태로 발생하는 현상을 통해 부족한 결점을 채울 수 있는 깨달음을 얻길 바란다.

고윤 올림

왜 당신은 죽어가는 자신을 방치하고 있는가

초판 발행 | 2024년 10월 16일
16쇄 발행 | 2025년 01월 21일

글　　　　| 고윤(페이서스코리아)

펴낸곳　　| Deep&Wide
발행인　　| 신하영 이현중
도서기획　| 신하영 이현중
편집　　　| 신하영 이현중
마케팅　　| 신하영 이현중 윤석표 김철
주소　　　| 서울특별시 마포구 성미산로1길 21 사울빌딩 302호
이메일　　| deepwidethink@naver.com
ISBN　　 | 979-11-91369-58-8

ⓒ 고윤(페이서스코리아), 2025

파본은 구입하신 서점에서 교환해 드립니다.
이 책은 저작권법에 의하여 보호받는 저작물이므로 무단 전재와 복제를 금합니다.
이 책 내용의 전부 또는 일부를 이용하려면 반드시 저작권자와 출판사의 동의를 받아야 합니다.

저희는 책에 관한 아이디어나 조언 그리고 원고 투고를 언제나 기다리고 있습니다.
deepwidethink@naver.com으로 당신의 아이디어를 보내주시고 출간의 꿈을 이루어 보시길 바랍니다.

당신도 멋진 작가가 될 수 있습니다.